AF134431

1   The writer Louis Paul Boon has a very characteristic voice in Dutch literature. With a particular focus on the paradoxes that man, especially the man in the street, is confronted with in his life. As an emphatically left-wing, progressive, well-nigh anarchic author, Boon was never guilty of blind adherence to any ideology.

2   In *Joaquimanson. Mobles Muebles Furniture Pieces*, Save As... Publications, 2011, p. 11.

3   'Once Joaquim stopped making his designs, they did not disappear. The carpenters continued to manufacture them, because many people asked. It is a common fact. Once Anson left the activity, the carpenter continued making his furniture for a new clientele, adapting models and following the same type of construction.

The Seat 600 appeared in 1957 as an affordable car, economical and cheap, and allowed many people to have their own vehicle. The furniture of Joaquim Anson appeared at the same time because people also wanted cheap furniture, simple, to match their style of life. When the last Seat 600 left the factory, workers said goodbye to it with a banner that read "You were born a prince and die a king." The 600 was manufactured for seventeen years and left an indelible mark. Joaquim Anson spent ten years of his life making furniture and his work is still part of the memory of the people.'

In *Joaquimanson. Mobles Muebles Furniture Pieces*, Save As... Publications, 2011, p. 21.

4   The group exhibition *Species of Spaces* took place at the MACBA, between 16 July 2015 and 24 April 2016, and was curated by Frederic Montornés.

5   Joseph Beuys declared that every man is an artist, but he enlarged the field of art as a sculptor and installation artist, as a graphic artist, an art theorist and pedagogue of art. He's a representative figure of Fluxus and acted as such in happenings and performances.

6   www.palaisdetokyo.com/en/ressources/biography/Martí-anson-catalan-pavilion-anonymous-architect

7   Georges Perec, *Ruimten rondom*, Amsterdam, De Arbeiderspers, 1998.

La Botiga, 1969

Between make & remake
On modernism and the future of the past

The towering sign saying 'Meubelgalerie Vynckier' rises up in an ordinary street in the urbanised town of Waregem. The advertising message does not adorn the façade, but covers almost the entire blank side wall, which in Belgium is known as a 'waiting wall'. In anticipation of a neighbour who will build his terraced house or business premises against it, this side wall, in brick and lacking any windows, contributes to the phenomenon of typically Flemish or Belgian ribbon development.

The architecture, with its glazed brick and large glass display windows tells us that Meubelgalerie Vynckier must have been built at some time in the 1950s. The period of Expo 58, when Flanders, and with it the rural district of Waregem, enthusiastically embraced modernism.

The Vynckier furniture business now no longer exists. An artist has moved into the workshops and makes the showroom available as an exhibition space.

Showroom is another word that crept into the Dutch language along with modernism. The modernity of Meubelgalerie Vynckier also lies in the word 'galerie', a notion that indicates an increasing aware-ness after WWII that furniture and house-hold goods can be exhibited as 'models', objects exemplary of a new lifestyle.

However, Meubelgalerie Vynckier was part of another modernity, another vision of furnishings, than that in which the Catalan artist Martí Anson grew up. Joaquim, Martí's father, designed and manufactured furniture with the approach of the modernist avant-garde, which did not conceive of utility objects as an artistic craft or as reduced to the role of consumer goods, but as 'constructions' that contributed to building a better – and more social – society . Joaquim Anson combined the attitude of an amateur, who makes furniture as toys for everyday life, with social commitment, and made it his task to develop each piece of furniture in consultation with the user. The participatory method was quite exceptional among such modernists as those of the German Bauhaus, the Dutch De Stijl movement and the Constructivism of revolutionary Russia, but Joaquim certainly shared with the latter his belief in a new, mouldable, inclusive society. In post-war Spain, which was in the grip of General Franco's fascist regime, Anson senior's work must have been some kind of subversive force counter to the anti-modernism of Franco. But Joaquim Anson's insubordination was not that of an ideological hardliner. It had, rather, the gleam and warmth, or the tongue-in-cheek of – as the Flemish novelist Louis Paul Boon (1912-1979)[1], put it – 'a gentle anarchist':

'I made the furniture as a child who sees an aeroplane he cannot buy in a shop window, and goes to his house and makes a similar one with four wooden sticks. That's it, neither more nor less.'[2] – Joaquim Anson

Although Joaquim Anson may well refer to the motto 'less is more', formulated by the renowned modernist architect Mies van der Rohe (1886-1969), somehow it was the dilettante, the amateur furniture-maker, that had the upper hand. When his partner wanted to turn the business in a more commercial direction and there was the danger that contact with the clients would be lost, for Joachim this signalled the end of his furniture-making.[3]

When Martí Anson, in the context of the art world, now 'reconstructs' or remakes the furniture his father designed and produced, it is not to offer a commercial alternative to such huge generic furniture manufacturers as IKEA. He uses the art context precisely to highlight this fragile, disarming, playful and authentic way of making and handling utility objects.

La Botiga de l'Anson (Anson's Shop), the project at Meubelgalerie Vynckier, does not simply show a number of pieces of furniture inspired by Anson's father's work. It is actually an ambiguous installation. It is in fact a revival of a project that he had already developed for the *Species of Spaces* exhibition at the MACBA (Museu d'Art Contemporani de Barcelona).[4]

His contribution to that group exhibition was a cooperative work, a shop interior that he had developed together with interior architects and in which he placed remakes of his father's furniture.

However, in Waregem Martí Anson made the installation site-specific by 'sawing it in two'. In this way it fitted perfectly into the two rooms of the furniture showroom and as a result the project in Waregem can be seen as both a reconstruction and a deconstruction.

The remarkable thing about Anson senior's furniture is that all the parts were sawn out of sheets of wood. His method was comparable to industrial kit production. More especially of toy aeroplanes, in which each part appears to have been punched out of a single sheet. The DIY enthusiast only has to cut or saw through a couple of small points attaching them to the sheet before assembling the components.

For his remakes, Martí had all the parts sawn out of sheets of wood on a computer-controlled machine. But in the interior of *La Botiga* he also used the residual material from the 'mother sheet' which, like a sort of two-dimensional template, forms an echo of the pieces of furniture.

In Barcelona, Martí built an entire shop interior, and in Waregem he is recycling that same interior. Except that it does not fit into the spatial limitations of the Vynckier showroom. And so he cut the Barcelona shop interior into two pieces and inserted it into the two rooms available to him at the Meubelgalerie in Waregem.

Anson is not the only one juggling with architecture and building parts, construction and deconstruction. The Portuguese artist Ângela Ferreira (°1958) has already been comparably engaged with kits by the French architect and industrial designer Jean Prouvé (1901-1984), with which she focused attention on the colonising aspect of architecture. The Swiss artist Ilona Ruegg (°1949) also intervenes in building processes by giving prefabricated building parts temporary accommodation in museums and galleries, thereby providing them with a history.

What makes Martí Anson's installation in Waregem interesting is that he gives tangible form to both the history of the place and his own and his father's life-stories, as well as the ideological contexts of their two different eras.

Whereas Vynckier was a commercial enterprise that switched from traditional handmade furniture to semi-industrial manufacturing, in *La Botiga,* Martí Anson turns the spotlight on the social aspect of modernity. It had already become clear in the 1960s that the social dimension of modernism, building an inclusive new world, was being flagrantly ignored and co-opted in favour of a materialist consumerism.

Anson's installation broaches topics that are fundamental to an understanding of the position of art, architecture, design and so on. After all, art is governed by the visual even more than architecture is. Not only does 'seeing' drown out the other senses, but art as image also reduces the reality of a socio-cultural complex to a visual experience. When artists incorporate architecture and design into their work, their concern is often to restore the connection with the ordinary, the trivial, life itself, which requires accommodation, space, objects etc. When German artist Joseph Beuys[5] (1921-1986) postulated that *'Jeder Mensch ist ein Künstler'* (Every man is an artist), he was not so much breaking open the role and work of the artist as once again linking art to life. His 'social sculpture' reconnected art with its primal source, which is life itself.

We cannot view *La Botiga de l'Anson,* the reconstruction of a 'conceptual concept shop' at Be-Part in Waregem, as separate from the life of Martí Anson (Mataró, Spain, 1967). Having obtained his degree in arts at the University of Barcelona, Anson worked as an architect (*Bon Dia*, 1999/2000; *The Apartment*, 2002), footballer (*L'angoixa del porter al penalt*, 2001), filmmaker (*Walt & Travis*, 2003), shipbuilder (*Fitzcarraldo*, 2004-5), art thief (*Mataró/Montréal*, 2006), builder (*Martí and the flour factory*, 2008), chauffeur (*Mataró Chauffeur Service*, 2010) and designer (*Joaquimandson furniture*, 2011).[6]

7   His professional diversions resonate in the way he uses a variety of media in his art, including photography, video, design and installation art.

One of the recurring themes in his work is the disruption of situations, or at least the undermining or deconstruction of the viewer's expectations. Deconstruction is a tried and tested postmodern method of generating meaning and creating awareness. Or, following the Situationists, a way of creating 'situations' that bring about an authentic experience and a realisation.

With his installation *Bon Dia* (1999), for example, Martí Anson invited the viewer to enter a living room containing a chair, a lamp, a plant, a TV and two reproductions of paintings. A door in this room led the visitor through a dark corridor to a second – identical – room fitted and furnished in exactly the same way. This duplication of the same spatial experience has the effect of an artificial memory that focuses the experience of time. It also disrupts, because it creates the illusion that you are going back in time. At the same time, as a result of this duplication, reality appears to be reduced to scenery, a film set with a surreal Luis Buñuel feel to it. While every empty space has to deal with a sort of uncanny or *unheimlich* atmosphere, by means of duplication Martí Anson makes this experience of alienation even more pressing. The remake in fact questions the first interior's self-evident right to exist and in this way undermines the 'being' of this domestic architecture.

In this regard, it is interesting to point out that there are two verbs for 'to be' in Spanish, *ser* and *estar*. While *ser* refers to the immutable being of things – e.g. 'The table is round', *estar* is used for temporary conditions – e.g. 'The table is dirty'. *Bon Dia* appears to mix up these two conditions of being and literally to provoke an existential crisis between the temporary and the permanent.

As mentioned above, Anson developed the *La Botiga de l'Anson* project for the Species of Spaces exhibition at the MACBA in 2015. Curator Frederic Montornés took the exhibition title from the book *Espèces*

d'espaces (1974) by the French author Georges Perec. Perec writes that spaces have multiplied, and that they have become fragmented and take many shapes. This also applies to the work of Martí Anson. The question remains whether Anson tries in his work to counteract the crisis in which many spaces now find themselves, or rather to take it to a climax to let its bankruptcy be felt.

You will find a literal description of *La Botiga* in what Georges Perec wrote in *Espèces d'espaces*: 'Nowadays you find spaces in all shapes and sizes, for every use and for all objectives. Life means moving from one space to another and on the way trying to take as few knocks as possible.'[7]

This is because the furniture in *La Botiga*, and also the utility objects, are of all sorts and sizes and are made for greater ease of use for all purposes.

But is that the intention?

It may be, rather, that the artist is confronting us with a solipsism, this being the philosophical question of whether there is only one single consciousness, that of the observer.

After all, now that *La Botiga* has been dismantled, both in Waregem and Madrid, Anson's installation nevertheless still continues to have an effect. Anson's father's social and well-founded furniture continues to have an effect because Anson himself responds to an intellectual and ideological consciousness that goes beyond physical and/or visual perception.

Koen Van Synghel

1   De schrijver Louis Paul Boon heeft een heel eigen stem in de Nederlandse literatuur. Hij had een bijzondere aandacht voor het paradoxale waarmee de mens, in het bijzonder de man in de straat, in het leven wordt geconfronteerd. Als uitgesproken links progressieve, schier anarchistische auteur bezondigde L.P. Boon zich nooit aan blind ideologisch denken.

2   In *Joaquimanson. Mobles Muebles Furniture Pieces*, Save As... Publications, 2011, p.11.

3   'Once Joaquim stopped making his designs, they did not disappear. The carpenters continued to manufacture them, because many people asked. It is a common fact. Once Anson left the activity, the carpenter continued making his furniture for a new clientele, adapting models and following the same type of construction.

The Seat 600 appeared in 1957 as an affordable car, economical and cheap, and allowed many people to have their own vehicle. The furniture of Joaquim Anson appeared at the same time because people also wanted cheap furniture, simple, to match their style of life. When the last Seat 600 left the factory, workers said goodbye to it with a banner that read "You were born a prince and die a king." The 600 was manufactured for seventeen years and left an indelible mark. Joaquim Anson spent ten years of his life making furniture and his work is still part of the memory of the people.'

In *Joaquimanson. Mobles Muebles Furniture Pieces*, Save As... Publications, 2011, p. 21.

4   De groepstentoonstelling Species of Spaces liep in het MACBA van 16 juli 2015 tot 24 april 2016. Curator van de tentoonstelling was Frederic Montornés.

5   Joseph Beuys beweerde dat ieder mens een kunstenaar is, maar zelf heeft hij het kunstbegrip verruimd als beeldhouwer, als installatiekunstenaar, als grafisch kunstenaar, als theoreticus en als pedagoog. Hij was een representatieve figuur van de Fluxus-beweging, wat tot uiting kwam in zijn happenings en performances.

6   www.palaisdetokyo.com/en/ressources/biography/marti-anson-catalan-pavilion-anonymous-architect.

7   In: Georges Perec, *Ruimten rondom*, Amsterdam, De Arbeiderspers, 1998.

La Botiga, 1969

Balius, Barcelona, 2015

Between make & remake
Over modernisme en de toekomst van
het verleden

Langs een doordeweekse weg in de verste-
delijkte gemeente Waregem duikt het huizen-
hoge opschrift 'Meubelgalerie Vynckier'
op. De reclameboodschap prijkt niet op de
voorgevel maar beslaat quasi de volledige
blinde zijgevel, in de Belgische context
bekend als wachtgevel. Deze gevel, opge-
trokken in volle baksteen en gespeend van
ramen, draagt in afwachting van een buur
die er zijn huis of zaak tegenaan bouwt bij
aan het fenomeen van de typische Vlaamse
of Belgische lintbebouwing.

De architectuur met geëmailleerde
baksteen en grote glazen vitrines verraadt
dat de Meubelgalerie Vynckier ergens in
de jaren vijftig moet zijn gebouwd. De tijd
van de wereldexpo 58, toen Vlaanderen,
en dus ook de rurale gemeente Waregem,
de moderniteit enthousiast omarmde.

Vandaag bestaat meubelzaak
Vynckier niet meer. Een kunstenaar nam zijn
intrek in de ateliers en stelt de *showroom* ter
beschikking als tentoonstellingsruimte.

Showroom, ook dit woord sloop met
het modernisme de Nederlandse taal binnen.

De moderniteit van Meubelgalerie
Vynckier zit hem ook in het woord 'galerie',
een begrip dat duidt op een groeiende
bewustwording in de naoorlogse tijd dat
meubels en huisraad als 'model' tentoon
kunnen worden gesteld, als voorbeeldige
modelobjecten van een nieuwe levensstijl.

De Meubelgalerie Vynckier maakte
echter deel van uit van een andere moder-
niteit, een andere visie op meubilair, dan
die waarin de Catalaanse kunstenaar Martí
Anson opgroeide. Joaquim, de vader van
Martí, ontwierp en produceerde meubels
met de ingesteldheid van de modernistische
avant-garde, die gebruiksvoorwerpen niet
bedacht als kunstambacht of reduceerde tot
consumptiegoederen, maar ze concipieerde
als 'constructies' die meebouwden aan
een betere – en socialere – maatschappij.
Joaquim Anson combineert de attitude van
een amateur die meubels maakt als speelgoed
voor het dagelijks leven met een sociaal
engagement, waarbij hij er een zaak van

maakte elk meubel in overleg met de gebruiker
te ontwikkelen. Die participatieve manier
van werken was eerder uitzonderlijk
bij modernisten als die van het Duitse
Bauhaus, de Nederlandse Stijlbeweging of
het constructivisme uit het revolutionaire
Rusland, maar Joaquim deelde alvast met
de constructivisten het geloof in een nieuwe,
maakbare, inclusieve maatschappij. In het
naoorlogse Spanje, dat in de greep zat van
het fascistische bewind van generaal Franco,
moet het werk van vader Anson een soort
subversieve kracht zijn geweest tegen het
antimodernistische francisme.

De insubordinatie van Joaquim
Anson was echter niet die van een ideolo-
gische hardliner. Het had veeleer de glans
en de warmte van – zoals Louis Paul Boon
(1912-1979)[1] dat zo mooi omschreef – een
tedere anarchist:

'I made the furniture as a child who sees an
airplane he cannot buy in a shop window,
and goes to his house and makes a similar
one with four wood sticks. That's it, neither
more nor less.'[2] – Joaquim Anson

Joachim Anson mag dan wel verwijzen
naar het devies *'Less is more'* van de
gerenommeerde modernistische architect
Mies van der Rohe (1886–1969), ergens
hield de dilettant, de amateur-meubelmaker
de overhand. Toen zijn partner de zaak op
een meer commerciële leest wilde schoeien
en het contact met de opdrachtgevers
dreigde te verdwijnen, hield Joachim het
meubelmaken voor bekeken.[3]

Wanneer Martí Anson vandaag binnen de
context van de kunstwereld de meubels
'reconstrueert' of hermaakt die zijn vader
ontwierp en produceerde, dan is dat niet om
een commercieel alternatief te bieden tegen
generieke meubelgiganten als IKEA. Hij ge-
bruikt de context van de kunst om precies die
kwetsbare, ontwapenende, speelse en au-
thentieke manier van maken en omgaan met
gebruiksvoorwerpen aan de orde te stellen.

Het project *La Botiga de l'Anson*
(De winkel van Anson) in de Meubelgalerie
Vynckier presenteert niet zomaar een aantal
meubelstukken geïnspireerd op het werk

van Martí Ansons vader. In feite is het een dubbelzinnige installatie. Het is de herneming van een project dat Anson al in 2015 ontwikkelde voor de tentoonstelling *Species of Spaces* in het MACBA (Museu d'Art Contemporani de Barcelona).[4] Zijn bijdrage aan die groepstentoonstelling was een coöperatief werk, een winkelinterieur dat hij samen met interieurarchitecten ontwikkelde en waarin hij remakes van het meubilair van zijn vader opstelde.

In Waregem maakte Martí Anson de installatie echter site-specific door ze als het ware middendoor te zagen. Zo paste ze perfect in de tweeledige ruimte van de meubelgalerij waardoor het project in Waregem kon worden bekeken als reconstructie én deconstructie.

Opmerkelijk aan de meubels van vader Anson is het feit dat alle onderdelen uit plaatmateriaal werden gezaagd. Zijn manier van werken was vergelijkbaar met de industriële productie van bouwpakketten. Meer bepaald die van speelgoedvliegtuigjes, waarbij elk onderdeel uit één plaat lijkt te zijn geperst. De doe-het-zelver moet alleen maar een paar korte hechtingspunten van elk onderdeel doorknippen of -zagen en kan daarna de bouwstukken assembleren.

Martí liet voor de remakes van de meubels alle onderdelen computergestuurd uit plaatmateriaal zagen. Maar in het interieur van *La Botiga* integreert hij het restmateriaal van de 'moederplaat', die als een soort tweedimensionele mal de echo vormt van de meubelstukken.

In Barcelona bouwde Martí een volledig winkelinterieur, in Waregem recupereert hij datzelfde interieur. Alleen past dit niet binnen de ruimtelijke beperkingen van de showroom van Meubelgalerie Vynckier. En zo sneed hij het winkelinterieur van Barcelona in twee stukken en schoof het in de twee beschikbare ruimtes van de meubelgalerie in Waregem.

Met het jongleren met architectuur en bouwstukken, het construeren en deconstrueren staat Martí Anson niet alleen. De Portugese kunstenares Ângela Ferreira (°1958) ging al op een vergelijkbare manier aan de slag met bouwpakketten van de Franse architect en industrieel ontwerper Jean Prouvé (1901-1984), waarmee ze de aandacht vestigde op de koloniserende dimensie van architectuur. Ook de Zwitserse kunstenares Ilona Ruegg (°1949) intervenieert in bouwprocessen door geprefabriceerde bouwonderdelen een tijdelijke tussenstop te geven in een museum of galerie, en zo de bouwstukken een geschiedenis mee te geven.

Wat de installatie van Martí Anson in Waregem interessant maakt, is dat hij zowel de geschiedenis van de plek als zijn eigen biografie en die van zijn vader en de ideologische contexten van die twee verschillende tijdsgewrichten tastbaar maakt.

Terwijl Vynckier een commerciële onderneming was die de omslag maakte tussen artisanale meubelmakerij en semi-geïndustrialiseerde fabricatie, stelt Martí Anson met *La Botiga* het sociale aspect van de moderniteit in het licht. Al in de jaren 1960 werd duidelijk dat de sociale dimensie van het modernisme, namelijk het bouwen van een inclusieve nieuwe wereld, flagrant werd genegeerd en gerecupereerd ten voordele van een materialistisch consumentisme.

Ansons installatie snijdt thema's aan die fundamenteel zijn voor het begrijpen van de positie van de kunst, de architectuur, design ... Want nog meer dan architectuur zit de beeldende kunst in de greep van het visuele. Het kijken overstemt niet alleen de andere zintuigen, kunst als beeld reduceert de werkelijkheid van een sociaal-cultureel complex tot een visuele ervaring. Wanneer kunstenaars architectuur en design integreren in hun werk, dan is het hen er vaak om te doen de connectie te herstellen met het dagelijkse, het triviale, het leven zelf dat vraagt om accommodaties, om ruimte, om objecten ... Toen de Duitse kunstenaar Joseph Beuys[5] (1921-1986) poneerde: *'Jeder Mensch ist ein Künstler'* (Ieder mens is een kunstenaar), brak hij niet zozeer de rol en het werk van de kunstenaar open, veeleer verknoopte hij de kunst opnieuw met het leven. Zijn sociale plastiek verbond de kunst (opnieuw) met de oerbron, namelijk het leven zelf.

La Botiga de l'Anson, de reconstructie van een 'conceptuele conceptstore' in Be-Part

1   Waregem, kunnen we niet los zien van het leven en de biografie van Martí Anson (°1967, Mataró, Spanje). Na het behalen van zijn diploma in de kunsten aan de universiteit van Barcelona werkte Martí Anson als architect (*Bon Dia*, 1999/2000; *The Apartment*, 2002), voetbalspeler (*L'angoixa del porter al penalt*, 2001), filmmaker (*Walt & Travis*, 2003), scheepsbouwer (*Fitzcarraldo*, 2004-5), kunstdief (*Mataró/Montréal*, 2006), bouwvakker (*Martí and the flour factory*, 2008), chauffeur (*Mataró Chauffeur Service,* 2010), designer (*Joaquimandson furniture*, 2011) …[6] Ansons professionele omwegen resoneren in de vrije manier waarop hij verschillende media gebruikt in zijn kunst, zoals fotografie, video, design, installatiekunst ...

Een terugkerend thema in zijn werk is het ontwrichten van situaties, of op zijn minst het ondermijnen of deconstrueren van verwachtingspatronen bij de kijker. Deconstructie is een beproefde postmoderne techniek om betekenissen te genereren en een bewustzijn te creëren. Of, in navolging van de situationisten, een manier om 'situaties' te creëren die een authentieke beleving en bewustwording op gang brengen.

Zo nodigde Martí Anson met de installatie *Bon Dia* (1999) de kijker uit om een huiskamer binnen te stappen met een stoel, een lamp, een plant, een tv en twee reproducties van een schilderij aan de muur. Een deur in deze kamer bracht de bezoeker via een donkere gang naar een tweede – identieke – kamer met exact dezelfde inrichting. De verdubbeling van dezelfde ruimtelijke ervaring werkt als een kunstmatige herinnering die de tijdservaring scherpstelt. Het ontwricht ook, omdat de illusie wordt gewekt dat je terug in de tijd stapt. Tozelfdertijd lijkt de realiteit door die verdubbeling te worden herleid tot een decorum, een filmset met surrealistische Luis Buñuel-allures. Terwijl elke lege ruimte uit zichzelf heeft af te rekenen met een soort *uncanny* of *unheimlich* karakter, maakt Martí door de techniek van de verdubbeling deze ervaring van vervreemding nog prangender. De remake stelt in feite het vanzelfsprekende bestaansrecht van het eerste interieur in vraag en ondermijnt op die manier het 'zijn' van deze huiselijke architectuur.

In dit verband is het interessant te wijzen op het feit dat er in het Spaans twee werkwoorden bestaan voor 'zijn', namelijk *ser* en *estar*. Terwijl *ser* wijst op het onveranderlijke zijn der dingen – bv. 'De tafel is rond' – wordt *estar* gebruikt voor tijdelijke condities – bv. 'De tafel is vuil'. *Bon Dia* lijkt die twee dimensies van zijn door elkaar te halen en letterlijk een existentiële crisis tussen het tijdelijke en het permanente zijn te provoceren.

Zoals gezegd ontwikkelde Anson het project *La Botiga de l'Anson* in 2015 voor de tentoonstelling *Species of Spaces* in het MACBA. De titel *Species of Spaces* ontleende curator Frederic Montornés aan het boek *Espèces d'espaces* (1974, NL vertaling: *Ruimten rondom*) van de Franse schrijver Georges Perec. Perec schrijft dat de ruimten zich hebben vermenigvuldigd, dat ze verbrokkeld en veelvormig zijn geworden. Dit gaat ook op voor het werk van Martí Anson. Het is alleen de vraag of Anson in zijn werk probeert de crisis waarin veel ruimtes vandaag zijn terechtgekomen te counteren, of ze juist ten top voert om haar failliet te laten aanvoelen.

Wanneer Georges Perec schrijft: 'Tegenwoordig vind je ruimten in alle soorten en maten, voor elk gebruik en voor alle doeleinden. Leven is van de ene ruimte naar de andere gaan en proberen je daarbij zo min mogelijk te stoten',[7] dan kun je daarin de letterlijke omschrijving zien van *La Botiga*.

Want in *La Botiga* zijn de meubels, maar ook de gebruiksvoorwerpen, gemaakt in alle soorten en maten en tot groter gemak voor alle doeleinden.

Maar is dat de inzet?

Misschien confronteert de kunstenaar ons veeleer met een solipsisme, namelijk de filosofische vraag of er maar één enkel bewustzijn bestaat, dat van de waarnemer.

Want nu *La Botiga* is opgebroken, zowel in Waregem als in Madrid, werkt de installatie van Anson toch gewoon door. En werken de sociale en onderbouwde meubels van zijn vader gewoon door, omdat Martí Anson inspeelt op een intellectueel en ideologisch bewustzijn dat verder reikt dan fysieke en/of visuele waarneming.

Koen Van Synghel

1   L'escriptor Louis Paul Boon té una veu molt característica en la literatura holandesa. Amb un enfocament particular en les paradoxes a les que l'home, especialment l'home de carrer, s'enfrenta al llarg de la seva vida. Com a home d'esquerres I progressista autor anàrquic, no pot culpar-se a Boon d'haver-se adherit cegament a varies ideologies.

2   A *Joaquimanson. Mobles Muebles Furniture Pieces*, Save As... Publications, 2011, p. 11.

3   "Un cop en Joaquim va deixar de fer els dissenys, aquests no van desaparèixer. Els fusters van continuar fabricant-ne, ja que molta gent els demanava. Es tracta d'un fet habitual. Un cop l'Anson abandona l'activitat, el fuster continua fabricant els seus mobles per a una nova clientela, adaptant els models i seguint el mateix tipus de construcció.

El Seat 600 va aparèixer el 1957 com un cotxe assequible, econòmic i barat, i va permetre que molta gent tingués un vehicle propi. El mobles de Joaquim Anson van aparèixer a la mateixa època perquè la gent volia mobles econòmics, senzills, que lliguessin amb el seu tipus de vida. Quan l'últim 600 va sortir de la fàbrica, els treballadors de la SEAT el van acomiadar amb una pancarta que deia: "Naciste príncipe y mueres rey" [Vas néixer príncep i mors rei]. El 600 es va fabricar durant disset anys i va deixar una marca inesborrable. Joaquim Anson va passar deu anys de la seva vida fent mobles i el seu treball encara forma part de la memòria de la gent.

A *Joaquimanson. Mobles Muebles Furniture Pieces*, Save As... Publications, 2011, p. 21.

4   L'exposició collectiva "Espècies d'espais" va tenir lloc al Museu d'Art Contemporani de Barcelona, entre el 16 de juliol del 2015 i el 24 d'abril del 2016, I va ser comissariada per Frederic Montornés.

5   Joseph Beuys va declarar que "tot ésser humà és artista" però va ampliar el camp de l'art com a escultor, artista d'instal•lacions, com a artista gràfic, com a teòric I professor d'art. Beuys és una figura representativa del moviment Fluxus i com a tal va realitzar varis happenings i performances.

6   www.palaisdetokyo.com/en/ressources/biography/Martí-anson-catalan-pavilion-anonymous-architect

7   Georges Perec, *Ruimten rondom*, Amsterdam, De Arbeiderspers, 1998.

La Botiga, 1969

Meubelgalerie Vinckier, Waregem, 2016

Entre fer i refer
Sobre el modernisme i el futur del passat

L'imponent senyal que descriu 'Meubelgalerie Vynckier' (Galeria de mobles Vynckier) s'eleva a un carrer ordinari de la urbanitzada ciutat de Waregem. El missatge publicitari no adorna la façana sinó que cobreix gairebé tota la paret mitgera, conegudes a Bèlgica com a "parets que esperen". En anticipació a un veí que hi construirà la seva casa adossada o el seu negoci, aquesta paret, de maó i sense finestres, contribueix al fenomen típicament flamenc o belga d'urbanitzar al llarg d'una carretera.

L'arquitectura, amb el seu maó vidriat i grans vitrines ens diu que Meubelgalerie Vynckier deuria ser construït al volant dels anys 50. És el període de l'Expo'58, quan Flandes, i el districte rural de Waregem, van abraçar entusiàsticament el modernisme.

El negoci de mobles Vynckier ja no existeix. Un artista s'hi ha traslladat als tallers i ha convertit el *showroom* en un espai expositiu. *Showroom* és una altra paraula que s'ha implantat a la llengua holandesa parallelament al modernisme. La modernitat de la Meubelgalerie Vynckier també resideix a la paraula "galerie", una noció que indica una creixent consciència que, després de la Segona Guerra Mundial, els mobles i els estris domèstics poden ser exposats com "models", objectes que denoten un nou estil de vida.

No obstant això, Meubelgalerie Vynckier va ser part d'una altra modernitat, d'una visió diferent del mobiliari respecte a la que va conèixer l'artista català Martí Anson quan va créixer. Joaquim, el pare de'n Martí, va dissenyar i fabricar mobles des de la perspectiva de l'avantguarda moderna, la qual no concebia la utilitat dels objectes com un ofici artístic o reduint-lo a bé de consum, sinó com a "construccions" que contribuïen a construir una millor, i més social, societat. Joaquim Anson va combinar l'actitud de l'aficionat, que fa mobles com joguines per la vida quotidiana, amb el compromís social, on la seva tasca era desenvolupar cada peça en consulta amb el seu usuari.

Aquest mètode participatiu va ser força excepcional entre moderns tals com els de la Bauhaus alemanya, el moviment holandès De Stijl o el Constructivisme de la Rússia revolucionària, però Joaquim certament hi compartia la creença en una nova i emmotllable societat més inclusiva. A l'Espanya de postguerra, amb les urpes del règim feixista del General Franco, el treball d'Anson pare hauria suposat una mena de força subversiva contra l'antimodernisme franquista. Però la insubordinació de Joaquim Anson no era la d'un polític de línia dura ideològica, sinó que més aviat tenia la brillantor i l'afecte, o el sentit d'humor, com diu el novelista flamenc Louis Paul Boon (1912–1979), d'un *anarquista afable*.[1]

"Jo feia els mobles igual que el nen que veia un avió en un aparador d'una botiga i no se'l podia comprar, se n'anava a casa seva i amb quatre fustes se'n feia un de semblant. És això, ni més ni menys."[2] – Joaquim Anson

Tot i que Joaquim Anson pot estar fent referència al *motto* "menys és més", formulat pel reconegut arquitecte modernista Mies van der Rohe (1886–1969), era d'alguna manera l'aficionat fabricant de mobles, qui tenia la paella pel mànec. Quan el seu soci va voler transformar el negoci i fer-lo més comercial va existir el perill de perdre la relació directa amb els clients, i en Joaquim va decidir posar fi a la fabricació de mobles.

Quan Martí Anson, en el context del món de l'art, ara "reconstrueix" o torna a fer els mobles que el seu pare va dissenyar i produir, no és per oferir una alternativa comercial als grans fabricants de mobles genèrics com IKEA, sinó que utilitza el context de l'art, precisament, per posar en relleu aquest fràgil, encantador, lúdic i autèntic mode de fer i de manipular objectes utilitaris.

A *La Botiga de l'Anson*, el seu projecte a la Meubelgalerie Vynckier a Waregem, Martí Anson presenta més que simples peces de mobiliari inspirats en l'obra del seu pare. De fet, és una instal•lació ambigua, ja que és la reconstrucció d'un projecte que ja havia desenvolupat per a l'exposició *Espècies d'espais* que va tenir lloc al MACBA (Museu d'Art Contemporani de Barcelona).[4] La seva contribució a l'exposició collectiva era un treball cooperatiu, un disseny d'interior de botiga desenvolupat juntament amb arquitectes interioristes on col•loca noves versions dels mobles del seu pare.

Tanmateix, a Warengem Martí Anson ha realitzat una instal•lació específica pel aquest espai "serrant-lo en dos parts", de manera que fa cabre perfectament el mobiliari a les dues habitacions del *showroom*, i com a resultat el projecte a Waregem pot ser considerat una reconstrucció i una deconstrucció al mateix temps.

El més notable dels mobles d'Anson és que totes les parts són serrades a patir de planxes de fusta. El seu mètode és comparable a la producció industrial com és un kit d'avions de joguina en què cada part ha estat perforada a partir d'una sola planxa. L'aficionat al bricolatge només haurà de tallar o retallar un parell de petits punts de fixació abans de muntar-ne els seus components. Per aquests "remakes" Martí ha tallat les peces a partir de planxes de fusta disposades a una màquina controlada per ordinador. Però a l'interior de *La Botiga* també va utilitzar el material residual de la "planxa mare" que, com una mena de plantilla de dues dimensions, ressona amb les peces de mobiliari.

A Barcelona, Martí construeix l'interior d'una botiga i a Waregem el recicla. Excepte que el primer no s'ajusta a les limitacions espacials de *showroom* Vynckier. I així que ha tallat *la botiga* de Barcelona en dos trossos i l'ha inserit en les dues habitacions disponibles a la Meubelgalerie a Waregem. Anson no és l'únic que fa jocs malabars amb l'arquitectura i la construcció de peces, construcció i de-construcció. L'artista portuguesa Ângela Ferreira (1958) s'ha compromès comparablement amb els kits de l'arquitecte i dissenyador industrial francès Jean Prouvé (1901–1984) a partir dels quals centra l'atenció en l'aspecte colonial de l'arquitectura. Per la seva part, l'artista suïssa Ilona Ruegg (1949), també intervé en els processos de construcció allotjant temporalment peces de construcció prefabricades a museus i galeries, donant-los així una història.

El que és interessant de la instal•lació de Martí Anson a Waregem és que l'artista dóna forma tangible tant a la història del lloc com a les històries de vida del seu pare i de les seves pròpies, així com als contextos ideològics d'ambdues èpoques.

Vynckier era una empresa comercial que va passar de fer mobles fabricats de manera artesanal a fabricar-los de manera semi-industrial. A La Botiga, Martí Anson posa el centre d'atenció en l'aspecte social de la modernitat. Ja va quedar clar en la dècada de 1960 que la dimensió social de la modernitat, la construcció d'un món més inclusiu, havia sigut flagrantment ignorat i cooptat a favor d'un consumisme materialista.

La installació d'Anson aborda temes que són fonamentals per comprendre de la posició de l'art, l'arquitectura, el disseny i així successivament. Després de tot, l'art es regeix pel fet visual molt més que l'arquitectura. No és només la visió que ofega els altres sentits, sinó que percebre l'art com una imatge també redueix la realitat d'un complex sociocultural a una experiència visual. Quan els artistes incorporen l'arquitectura i el disseny en el seu treball, la seva preocupació és sovint poder restaurar la connexió entre el que és comú, trivial i la vida mateixa que requereix allotjament, espai, objectes, etc. Quan l'artista alemany Joseph Beuys (1921–1986) postula "Jeder Mensch ist ein Künstler" [Tot ésser humà és artista] , no trenca el paper i el rol de l'artista sinó que, una vegada més, uneix l'art a la vida. La seva "escultura social" torna a connectar l'art amb la seva font original: la vida mateixa.

No hem entendre La Botiga de l'Anson, la reconstrucció d'un "concepte de botiga conceptual" a Be-part en Waregem, com quelcom separat de la vida de Martí Anson (Mataró, Espanya, 1967). Després d'haver obtingut la seva llicenciatura en Belles Arts a la Universitat de Barcelona, Anson ha treballat com a arquitecte (*Bon Dia*, 1999–2000; *L'apartament*, 2002), com a futbolista (*La por del porter al penal*, 2001), com a director de cinema (*Walt & Travis*, 2003), com a constructor de vaixells (Fitzcarraldo, 2004-5), com a lladre d'obres d'art (*Mataró/Montréal*, 2006), com a constructor (*Martí i la fàbrica de farina*, 2008), com a xofer (*Mataró Chauffeur Service*, 2010) i com a dissenyador (*Mobles Joaquimandson*, 2011).[6] La seva diversificació professional ressona amb com ha utilitzat una varietat de medis en el seu art, incloent-hi fotografia, vídeo, disseny i la installació.

Un dels temes recurrents en la seva obra és la interrupció de certes situacions, o almenys el debilitament o la deconstrucció de les expectatives de l'espectador. La deconstrucció de significat i la creació de consciència és un mètode provat i comprovat en la postmodernitat. O si més no, seguint la lliçó dels Situacionistes, un mode de crear "situacions" que donen lloc a una experiència autèntica i a un procés de realització.

Amb la seva installació *Bon Dia* (1999), per exemple, Martí Anson va convidar l'espectador a entrar a una sala d'estar que contenia una cadira, un llum, una planta, un televisor i dues reproduccions de pintures. Una porta en aquesta habitació conduïa al visitant a través d'un passadís fosc a una segona – idèntica – sala amb el mobiliari i la docoració exactament iguals a l'anterior. Aquesta duplicació de la mateixa experiència espacial té l'efecte d'una memòria artificial que centra la seva experiència en el temps, i també l'interromp, ja que crea la illusió que es retrocedeix en el temps. I alhora, com a resultat d'aquesta duplicació, la realitat sembla reduir-se a una escenografia, un escenari de pellícula amb un to surrealista propi de Luis Buñuel. Mentre que cada espai buit ha de bregar amb una mena d'atmosfera estranya o unheimlich, mitjançant la duplicació Martí Anson fa que aquesta experiència d'alienació sigui encara més urgent. De fet el remake genera preguntes sobre l'evident dret a existir del primer espai, i d'aquesta manera soscava el "ser" d'aquesta arquitectura domèstica.

En aquest sentit, és interessant assenyalar que hi ha dos verbs per 'ser' en Català, ésser i estar. Mentre "ser" es refereix a l'ésser immutable de les coses – per exemple, "la taula és rodona", estar s'utilitza per a condicions temporals – per exemple, "la taula està bruta". *Bon Dia* sembla barrejar aquestes dues condicions i, literalment, provoca una crisi existencial entre el fet temporal i el fet permanent.

Com s'ha esmentat anteriorment, Anson va desenvolupar el projecte La Botiga de l'Anson per l'exposició Espècies d'espais al MACBA el 2015. El comissari Frederic Montornés va prendre el títol del llibre Espèces d'espaces (1974) de l'autor francès Georges Perec. Perec escriu que els espais s'han multiplicat i que també s'han fragmentat i prenen moltes formes. Això també s'aplica a l'obra de Martí Anson. La pregunta segueix sent si en el seu treball Anson intenta contrarestar la crisi en la qual molts espais es troben, o si més aviat intenta portar-los a un punt culminant per fer més evident la seva fallida.

A Espèces d'espaces de Perec trobarem una descripció literal de La Botiga de l'Anson: "Avui dia hom pot trobar espais de totes les formes i mides, per cada ús i per tots els objectius. La vida significa passar d'un espai a un altre i pel camí tractar de patir el menor nombre de cops possibles".[7] Això és perquè el mobiliari a La Botiga, i també dels objected d'utilitat, són de tota mena i mida i estàn fets per facilitar i l'ús per tots els propòsits.

Però és aquesta la intenció?

Pot ser que l'artista ens enfronti, més aviat, amb un solipsisme: la qüestió filosòfica de si hi ha una consciència única: la de l'observador. Després de tot, ara que La Botiga ha estat desmantallada a Waregem i a Barcelona, la installació d'Anson continua tenint efecte. El mobiliari social d'Anson pare segueix tenint efecte perquè Anson mateix respon a una consciència intellectual i ideològica que va més enllà de la percepció física i/o visual.

Koen Van Synghel

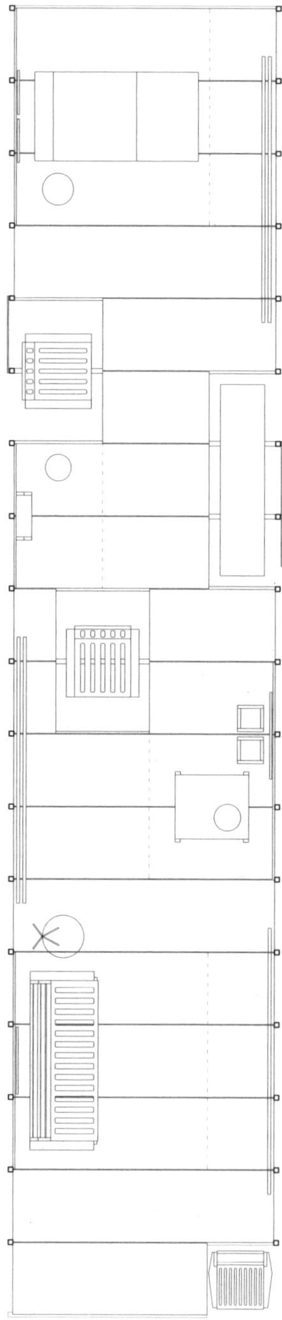

BALIUS
de l'Anson

BALUS
de l'Anson
FERRETERIA INDUSTRIAL

taladrin®

YRIAL
B A

taladon ®
cardil
para e
BRICOLAGE
de su hogar
BRICUS

Bricobanc
cyralf
El banco
de trabajo
más
transformable"

SUPER
ACRILICO
COLOR
SUPER
ACRILICO
Colores para esmaltar
AL AGUA
pa
BF
de

SUPER
ACRILICO
COLOR
SUPER
ACRILICO
Esmalte al agua

Bricobanc®
carals®
El banco
de trabajo
más
transformable"

LE TOI MÊME VÉRITÉ

35 fabric
De Genero Ediciones

litography
El dit a l'ull

photography
Pere Grimau

lamps
Mayo

store design
Josep Muñoz, Asun López

store pictures
Roberto Ruiz

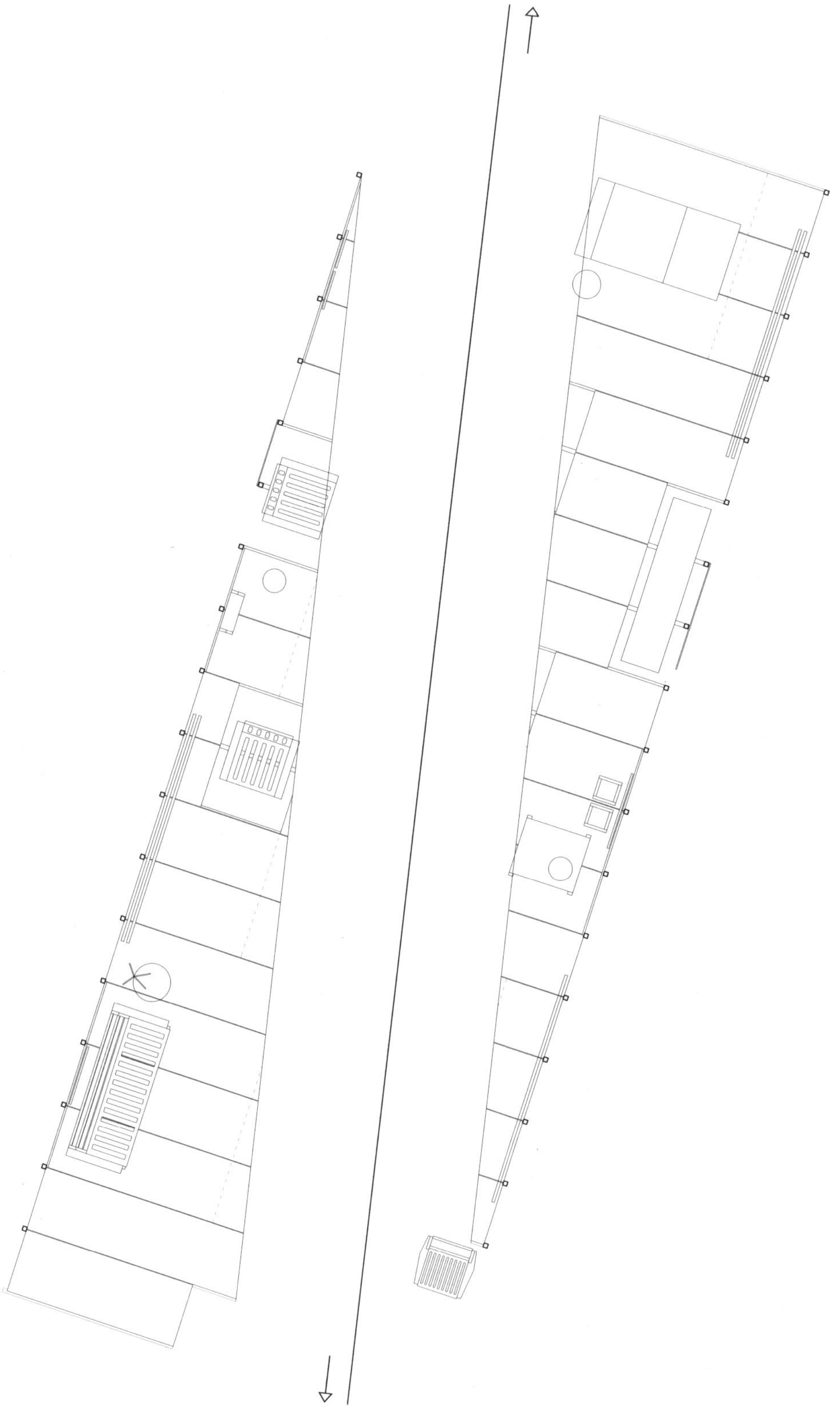

meubelgalerie
VYNCKIER
BALIUS
la botiga —
de l'Anson

TRANSMISSION

Charbeuterie
NCKIER

NSMISSION
RENCE BETWE
FURNITU
WOO

THERE'S NO DIFFERENCE BETWEEN DESIGNING A PIECE OF FURNITURE AND BUILDING A HOUSE

fabric
Ilse Acke

photography
Matthieu Lobelle

lamps
Dark

store design
Josep Muñoz, Asun López

store pictures
Martí Anson
Glenn Geerinck

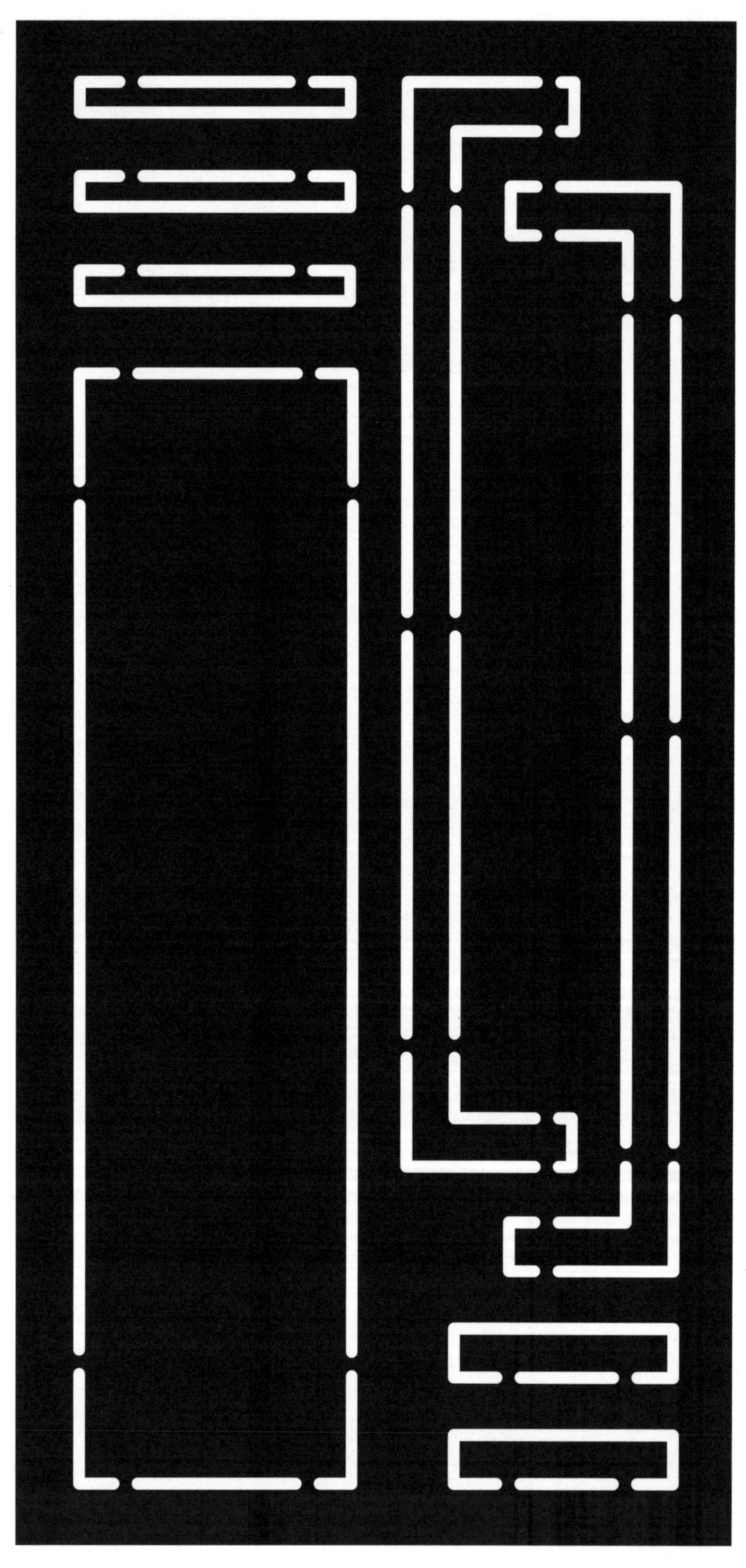

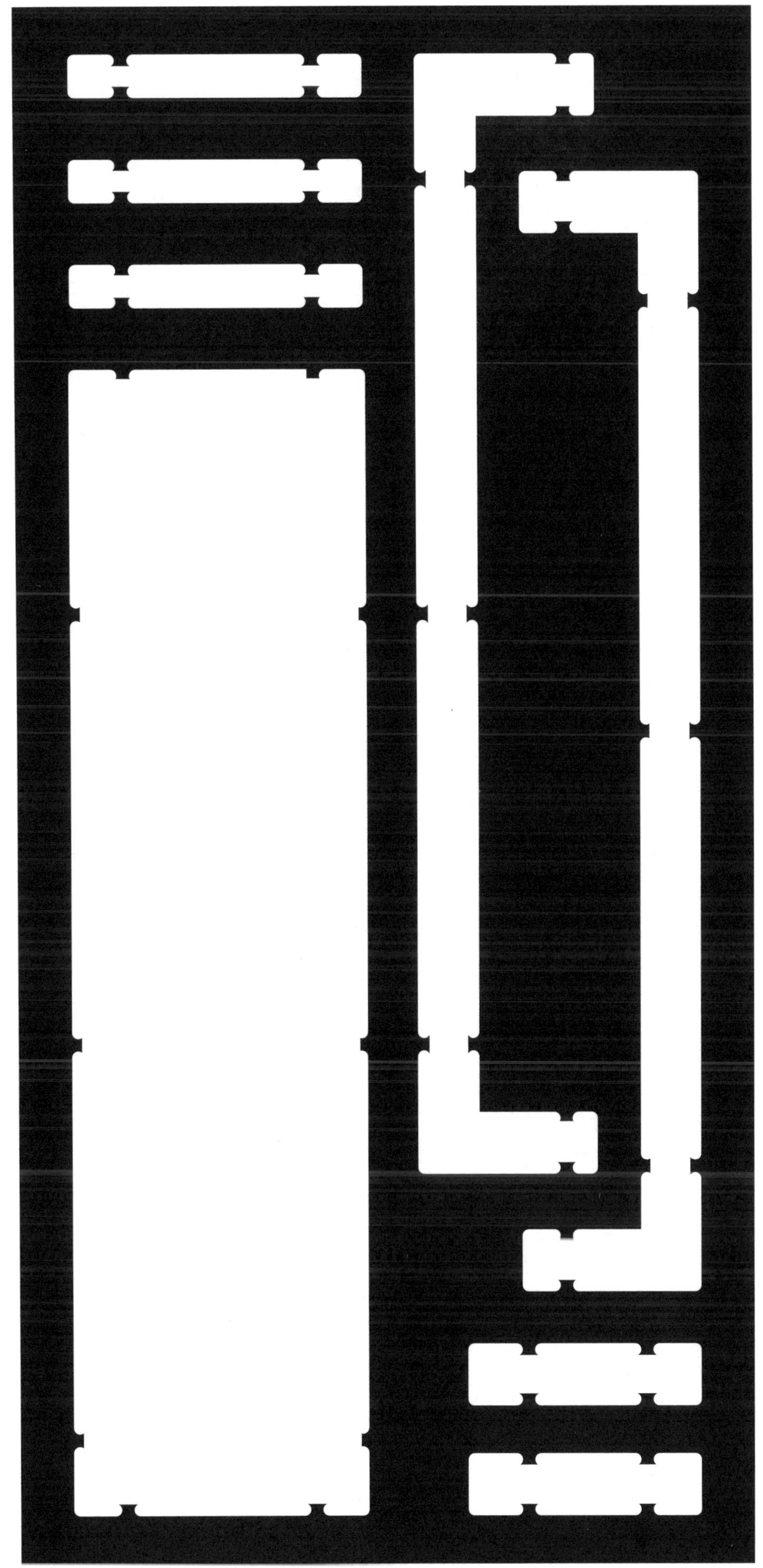

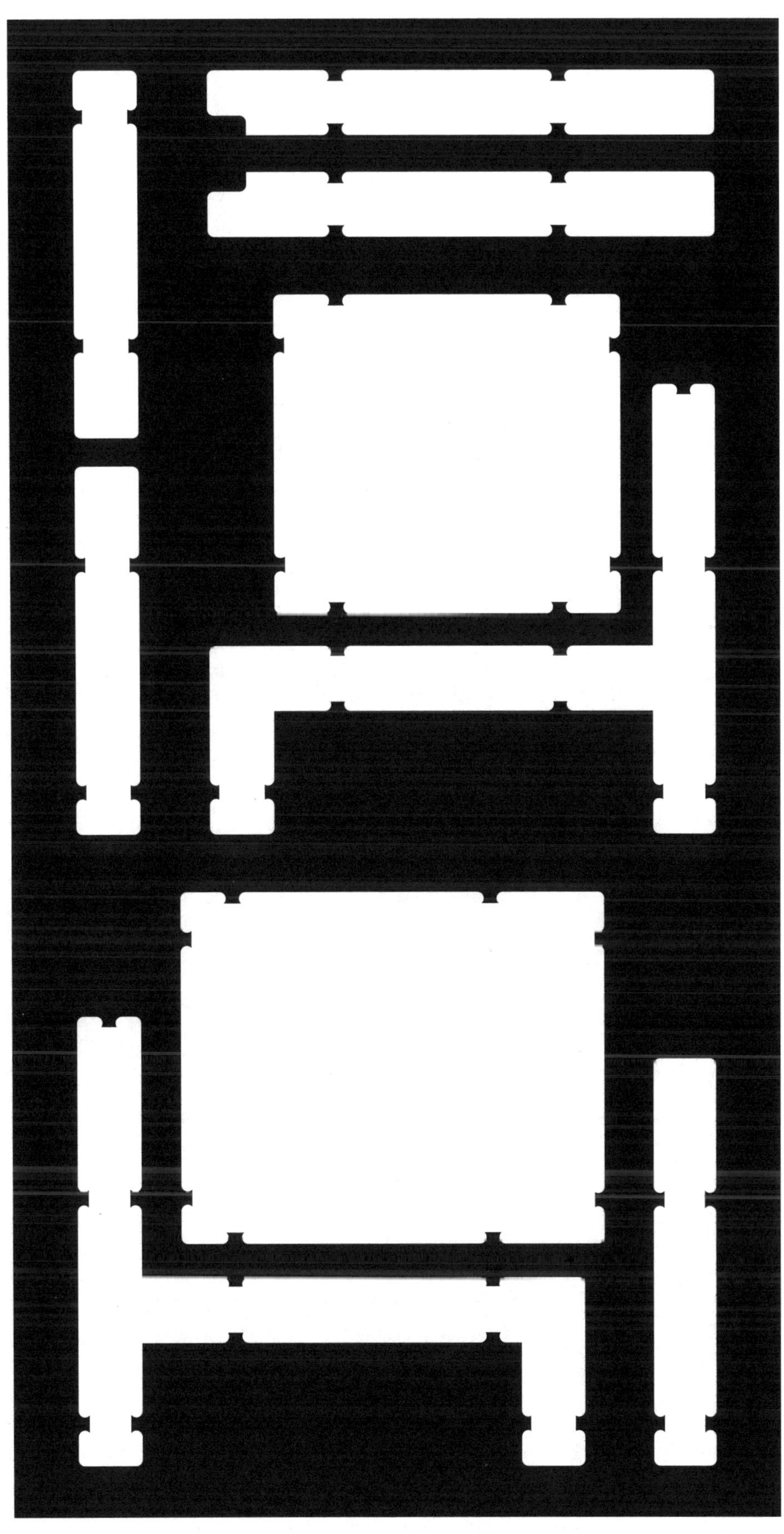

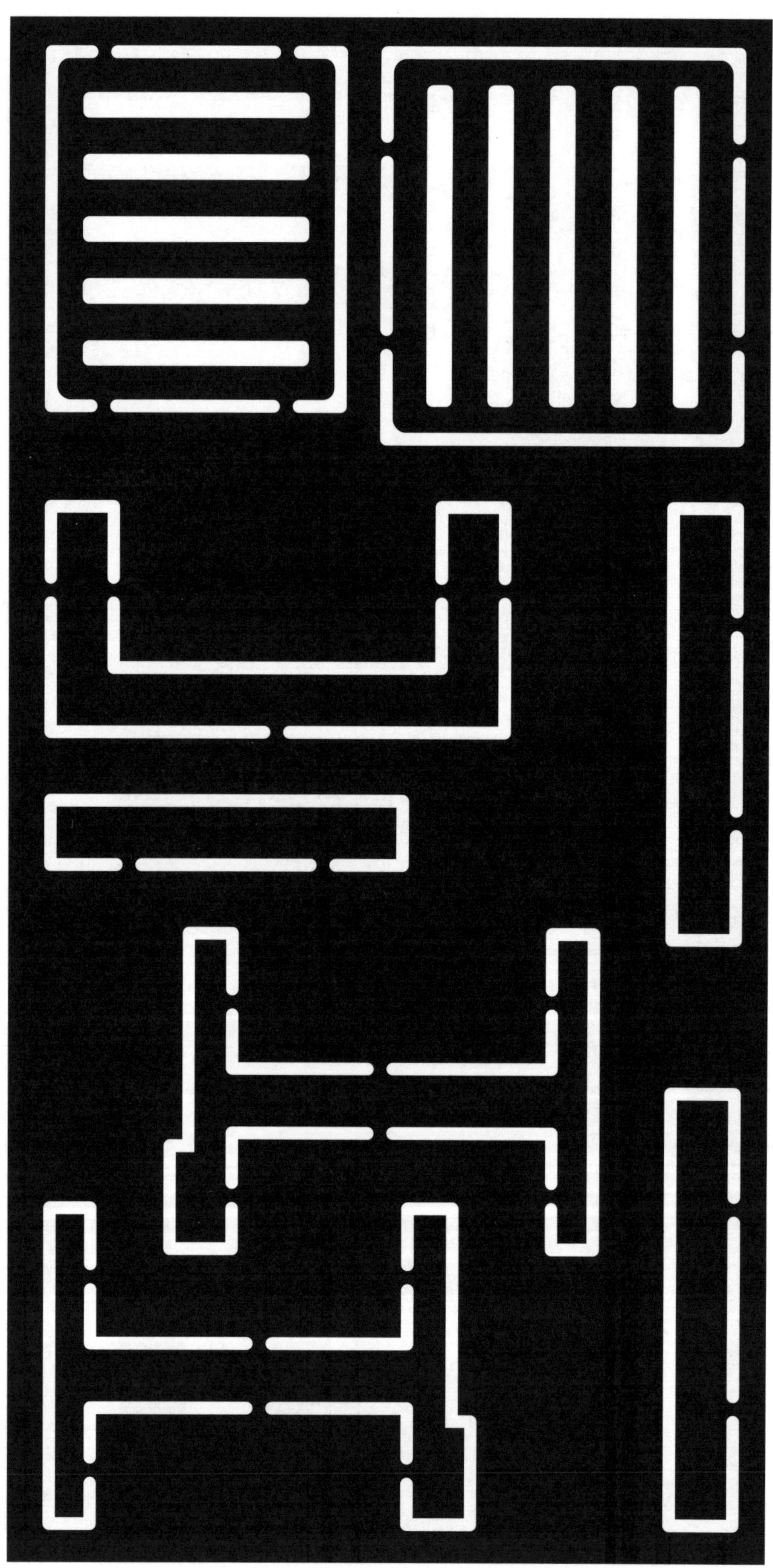

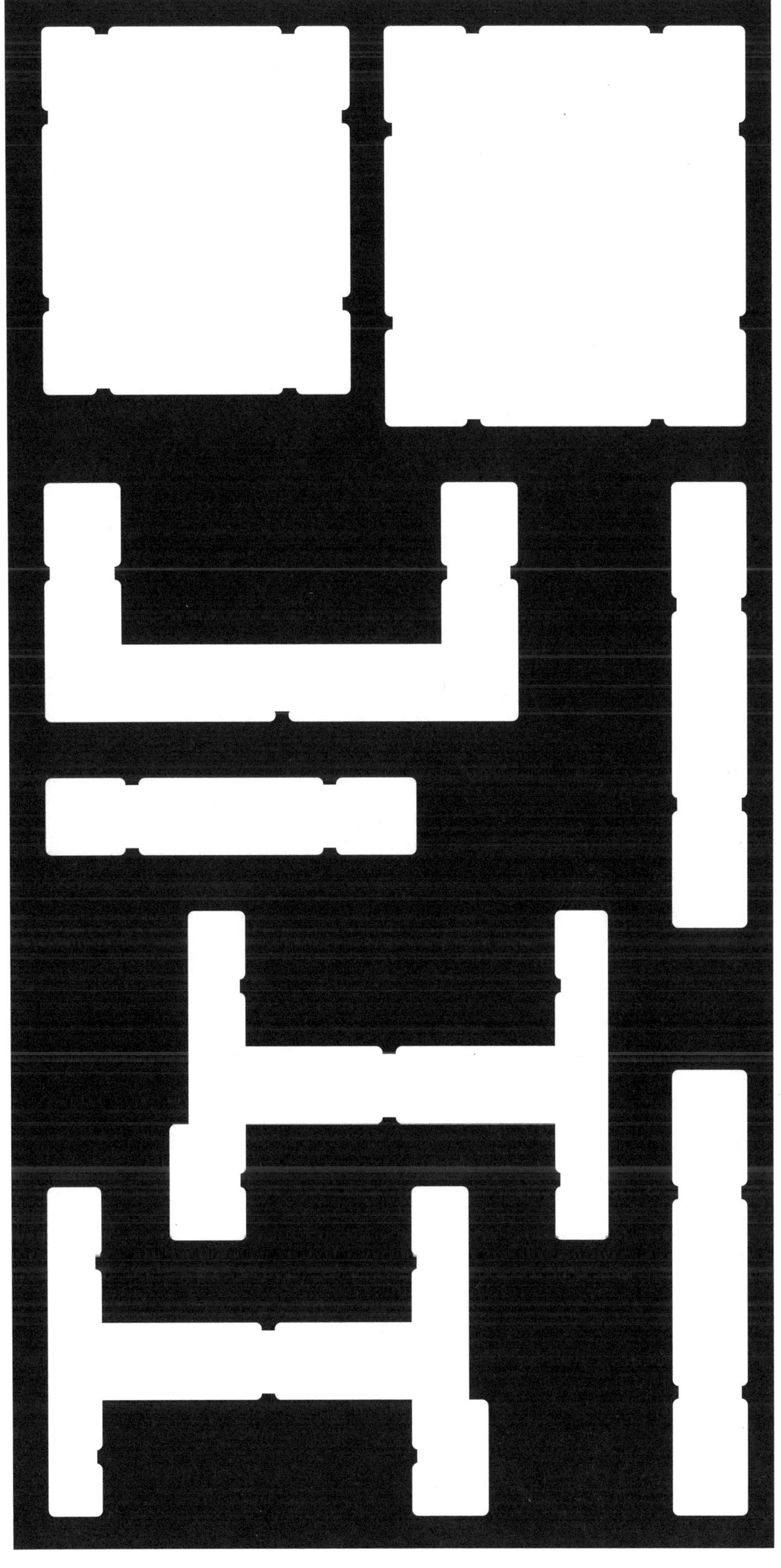

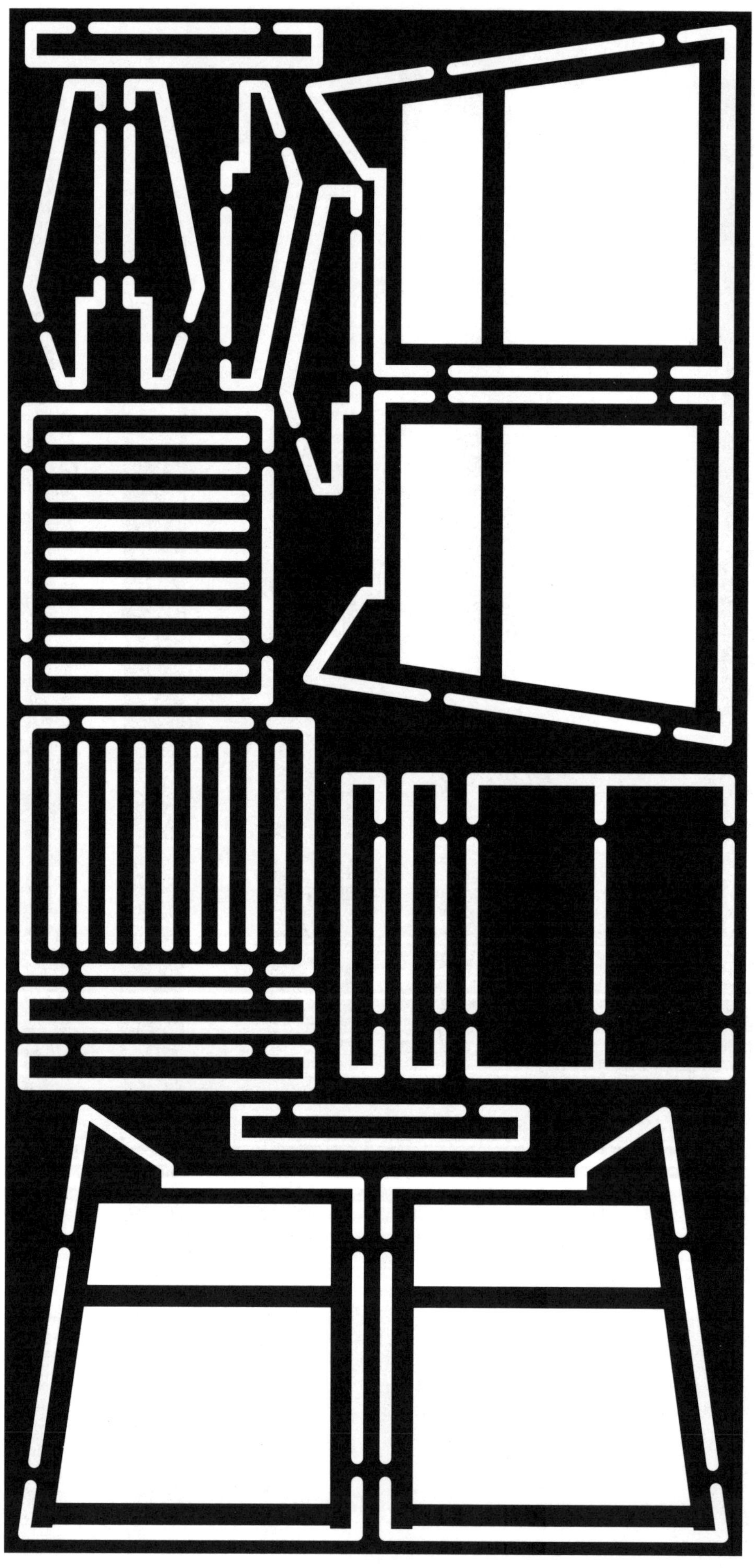

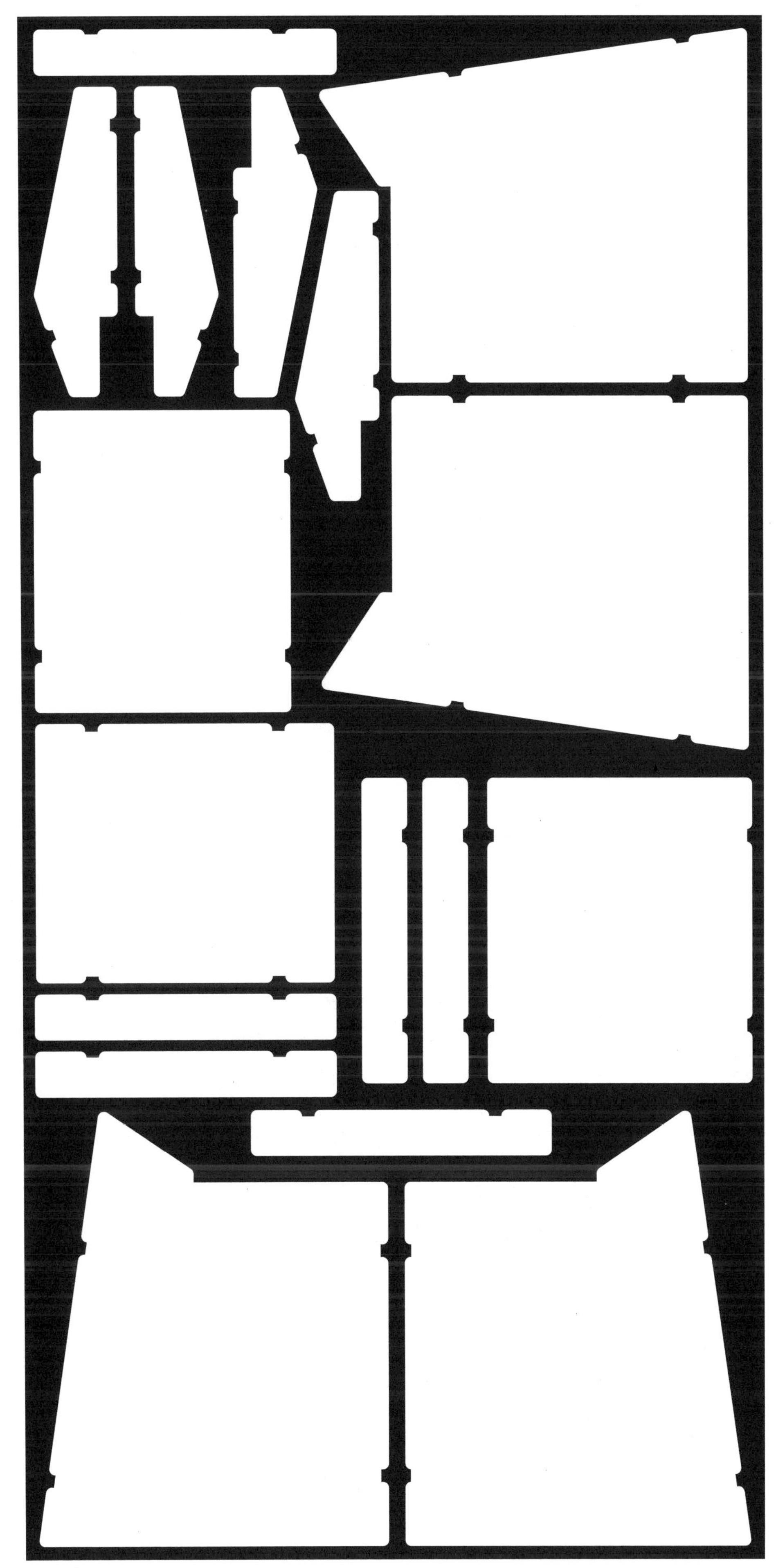

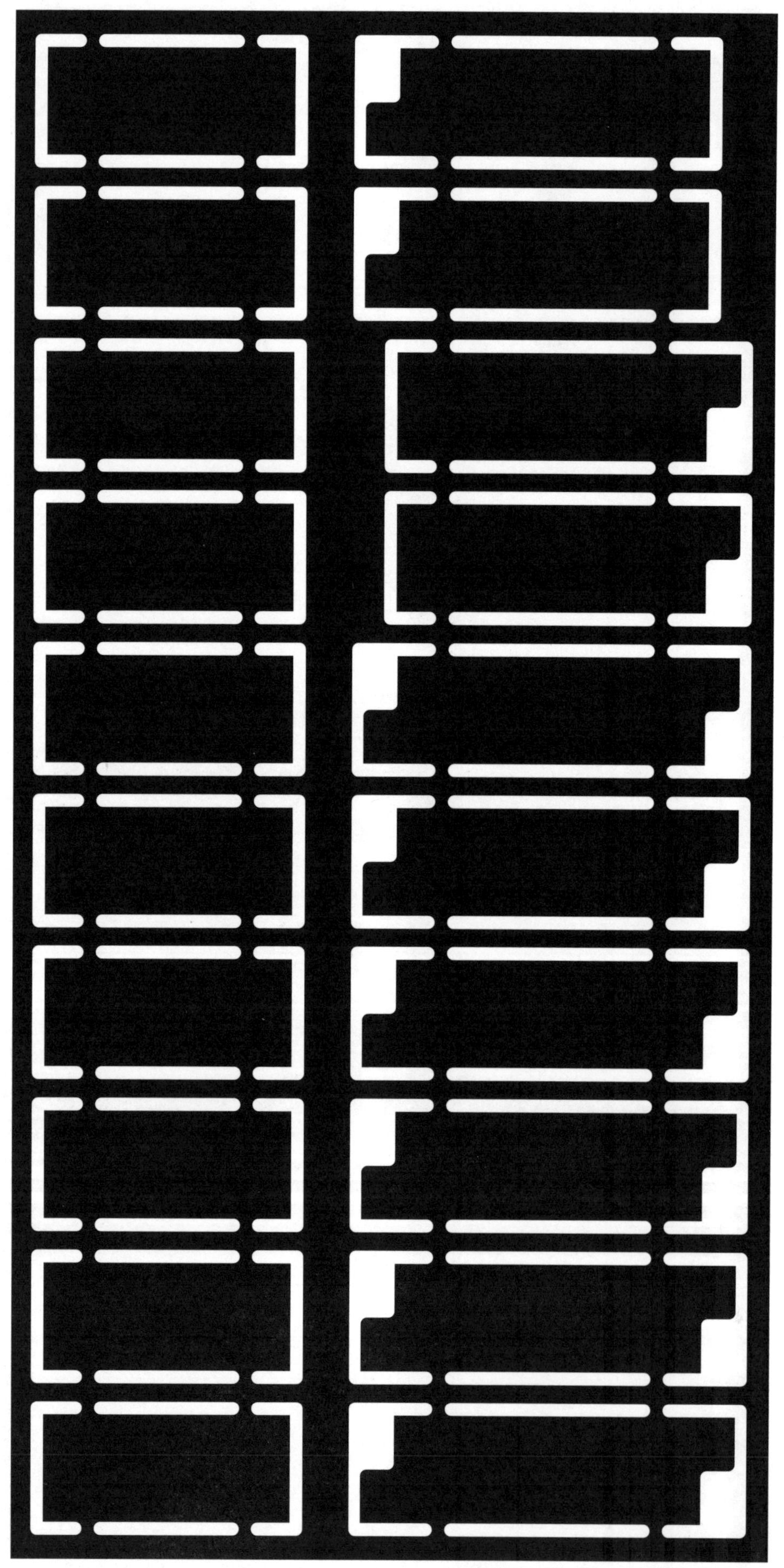

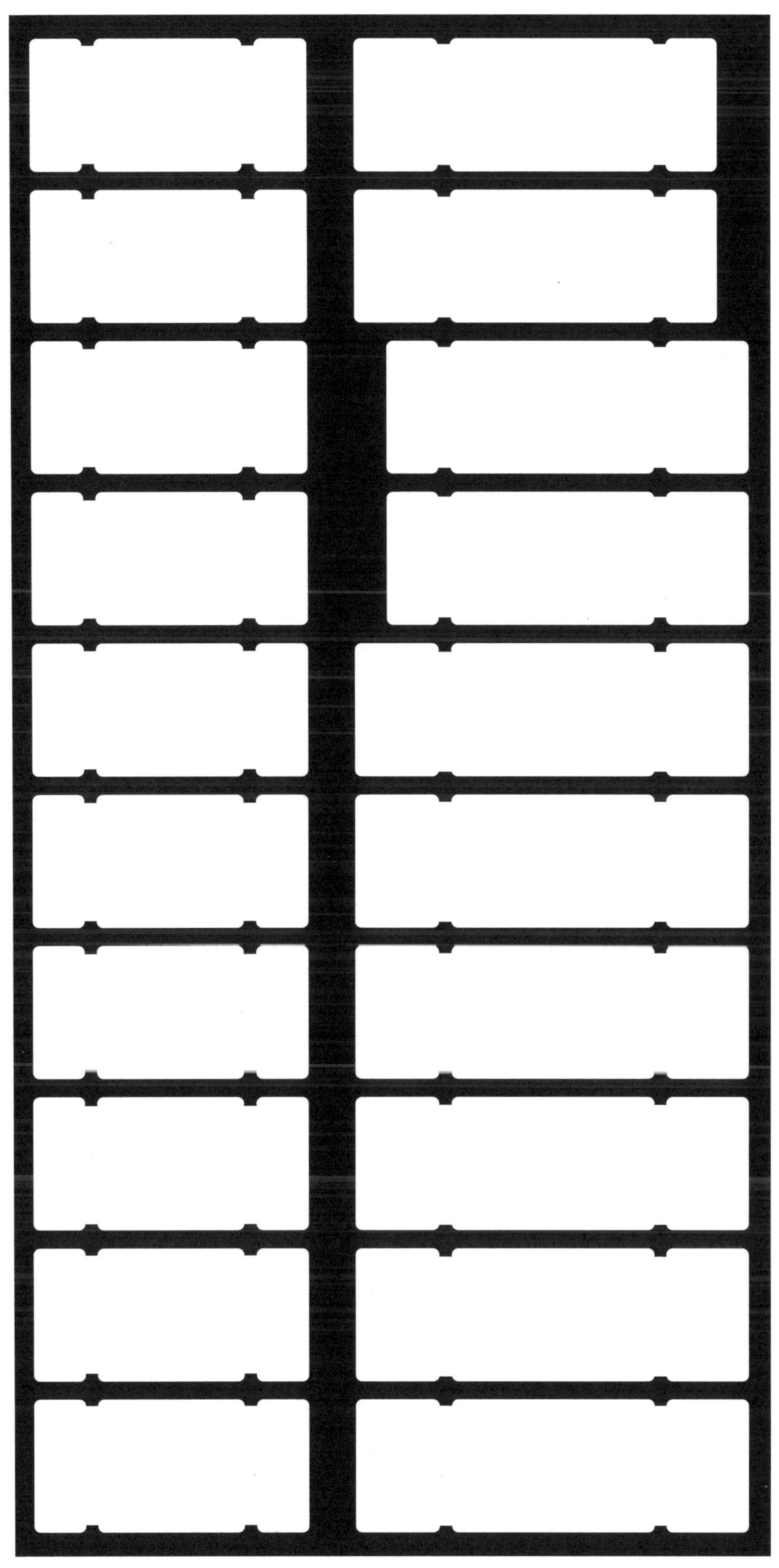

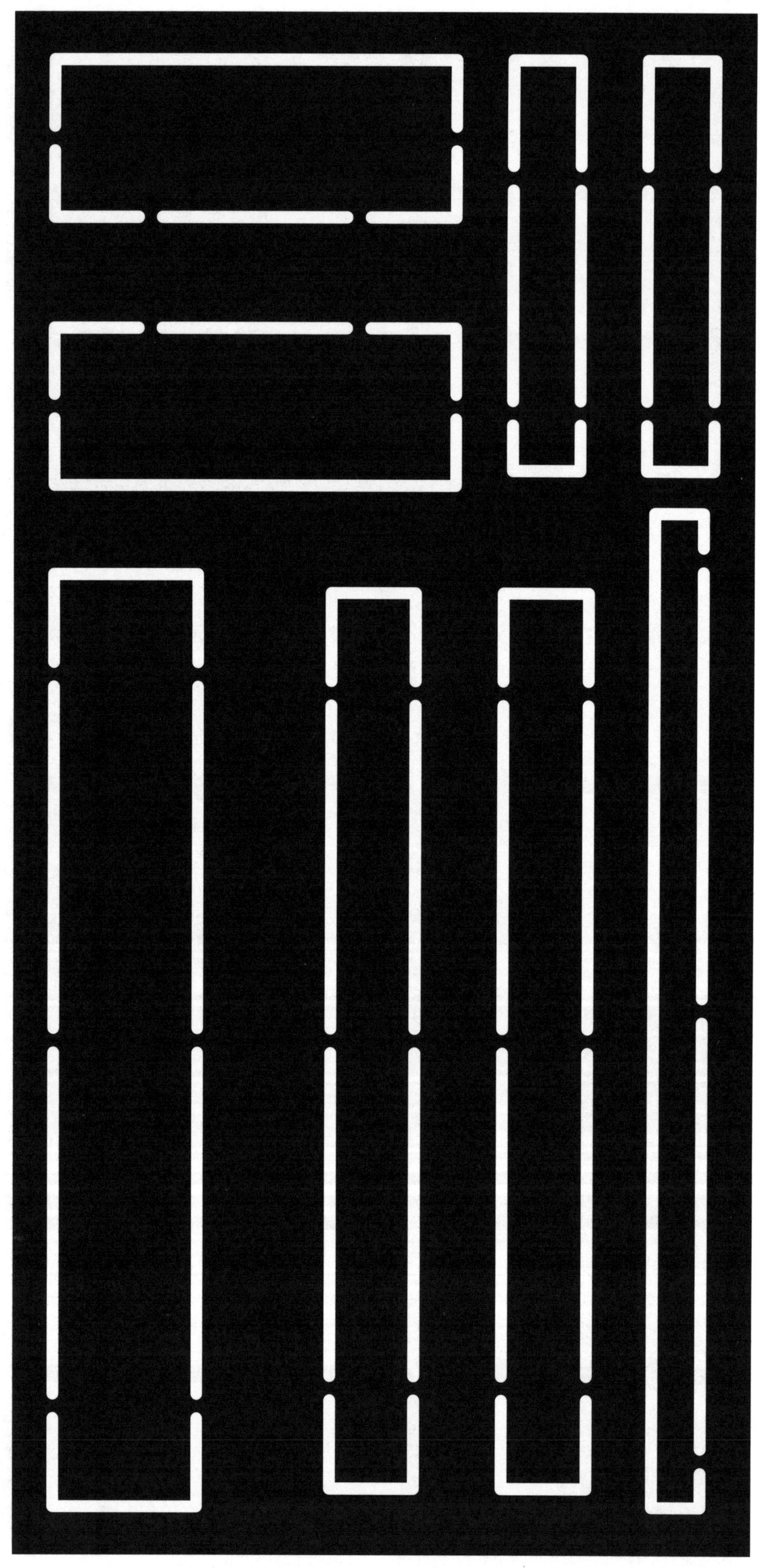

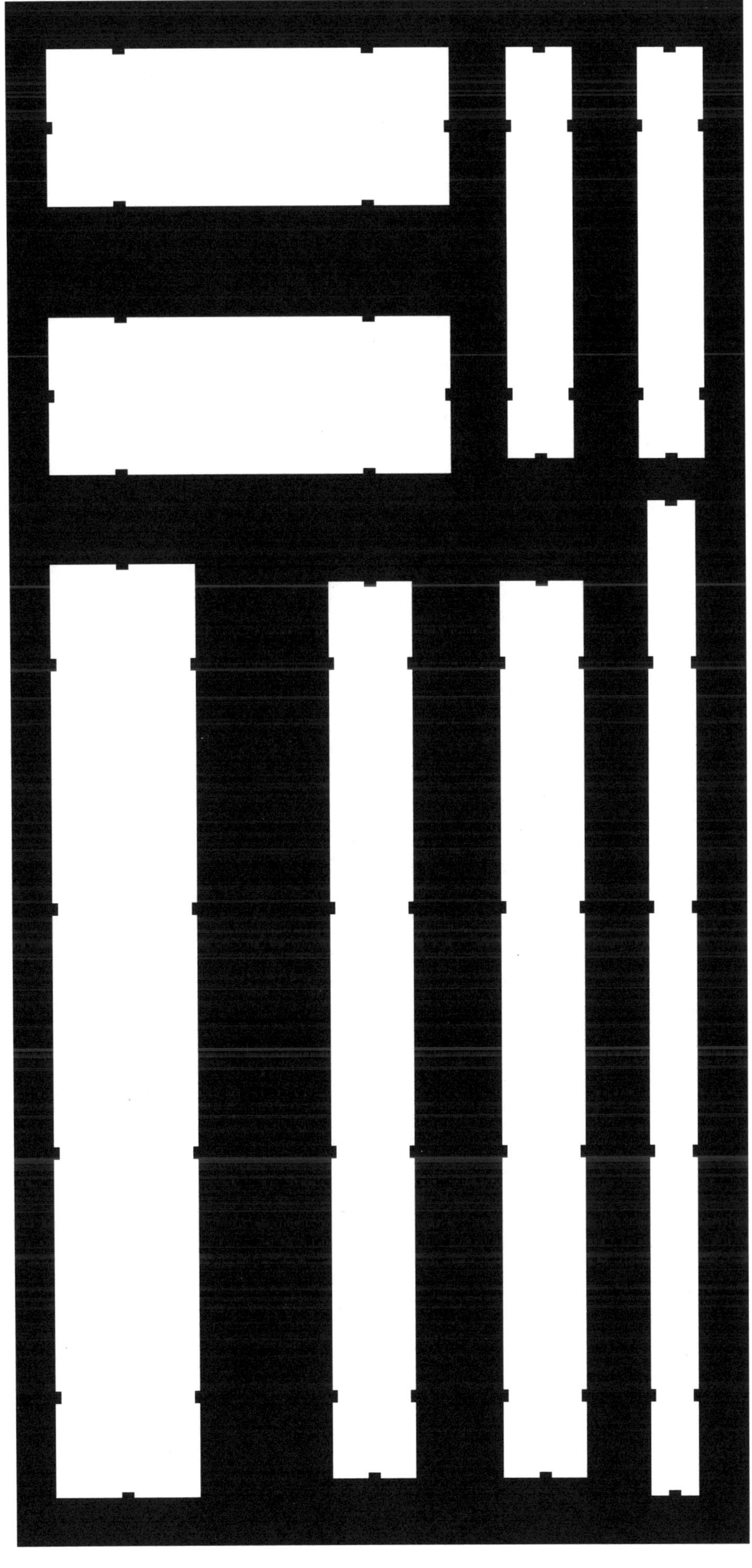

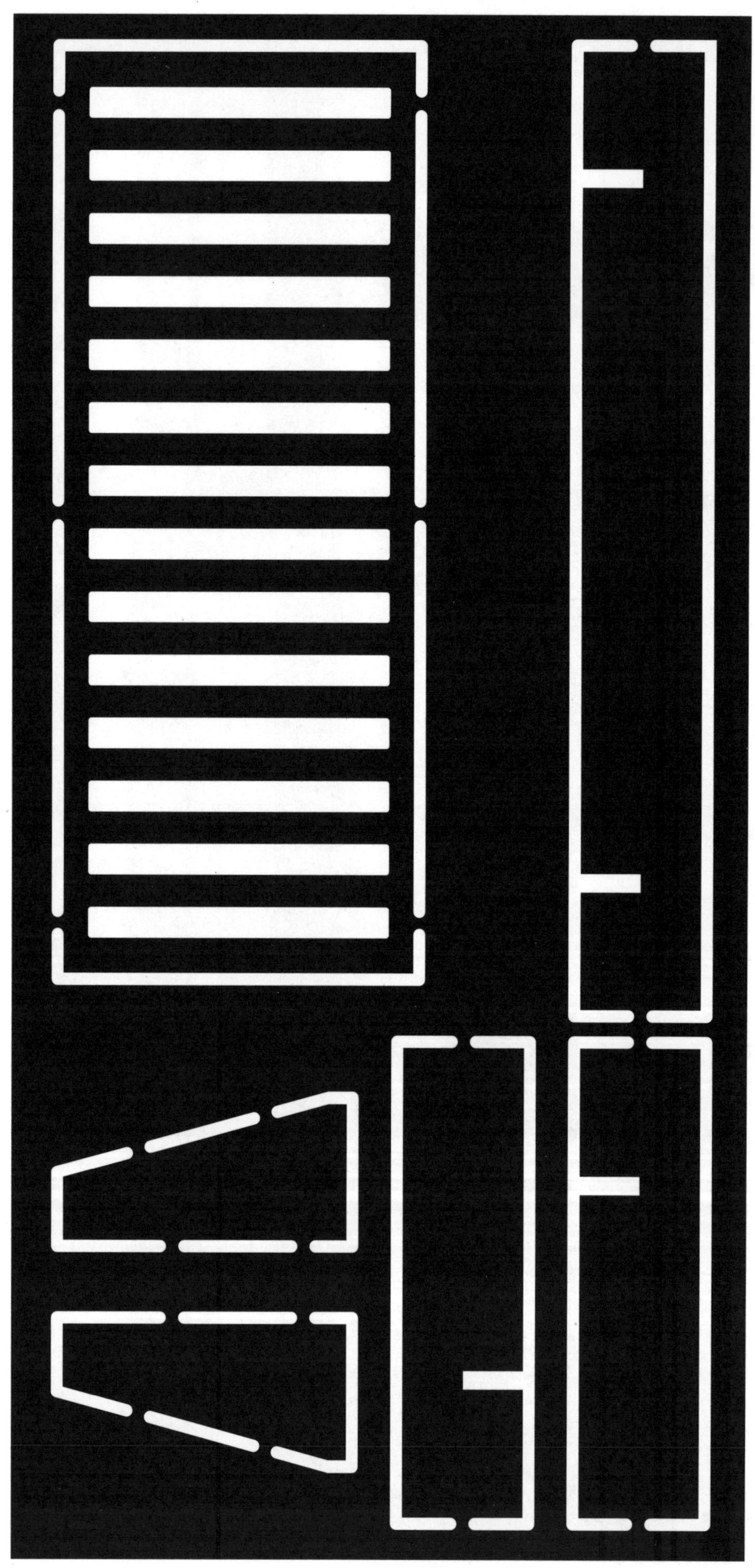

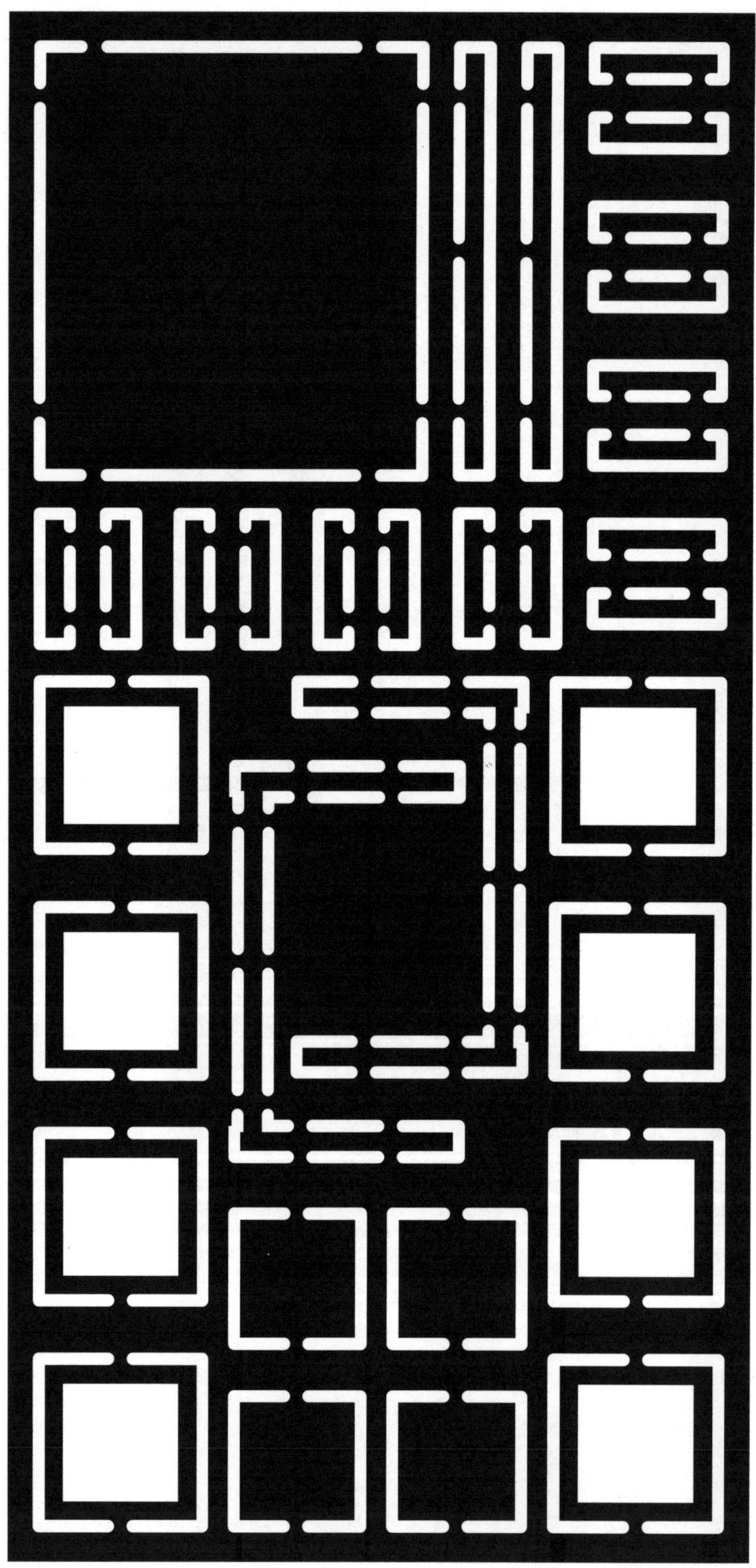

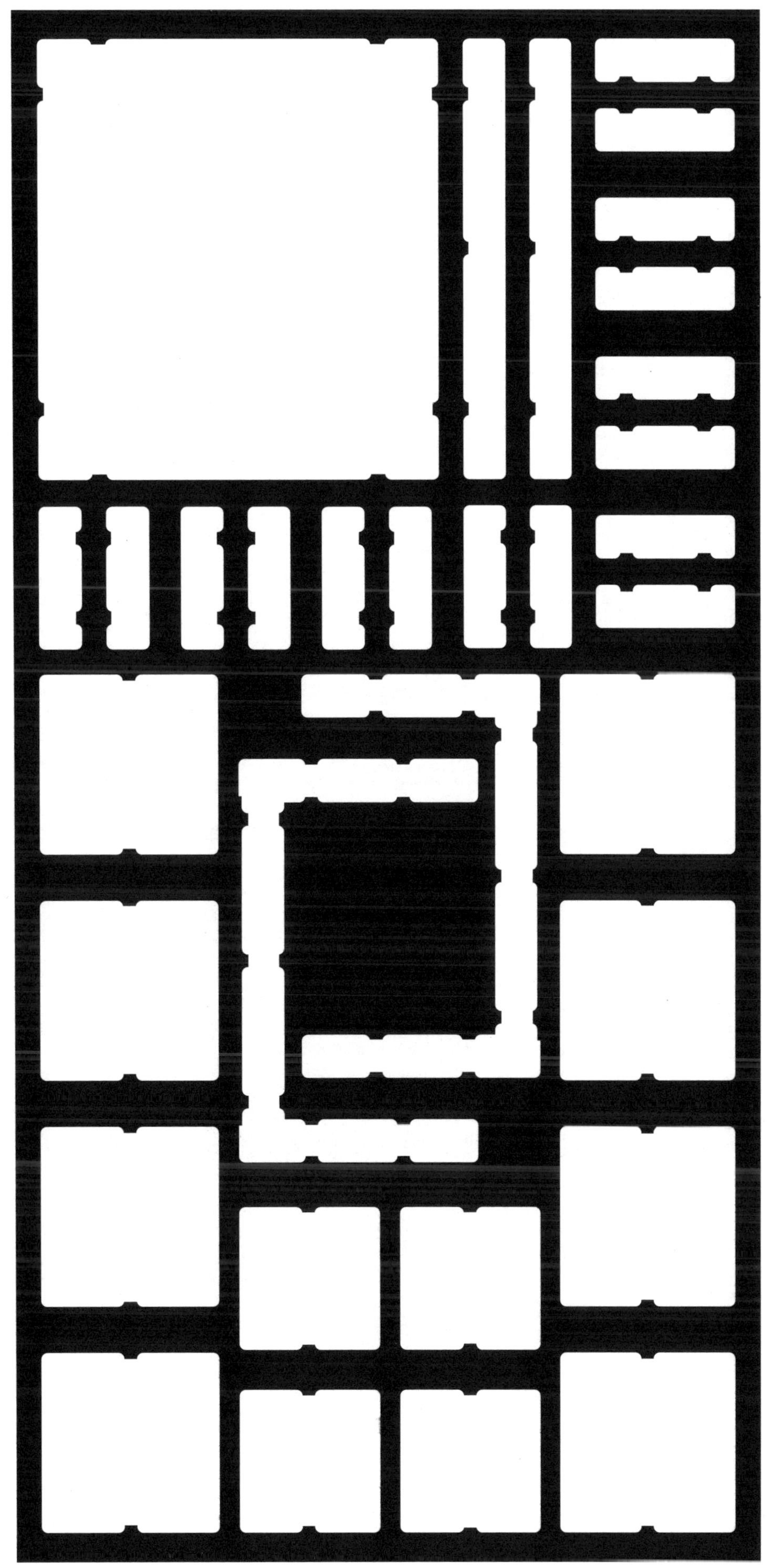

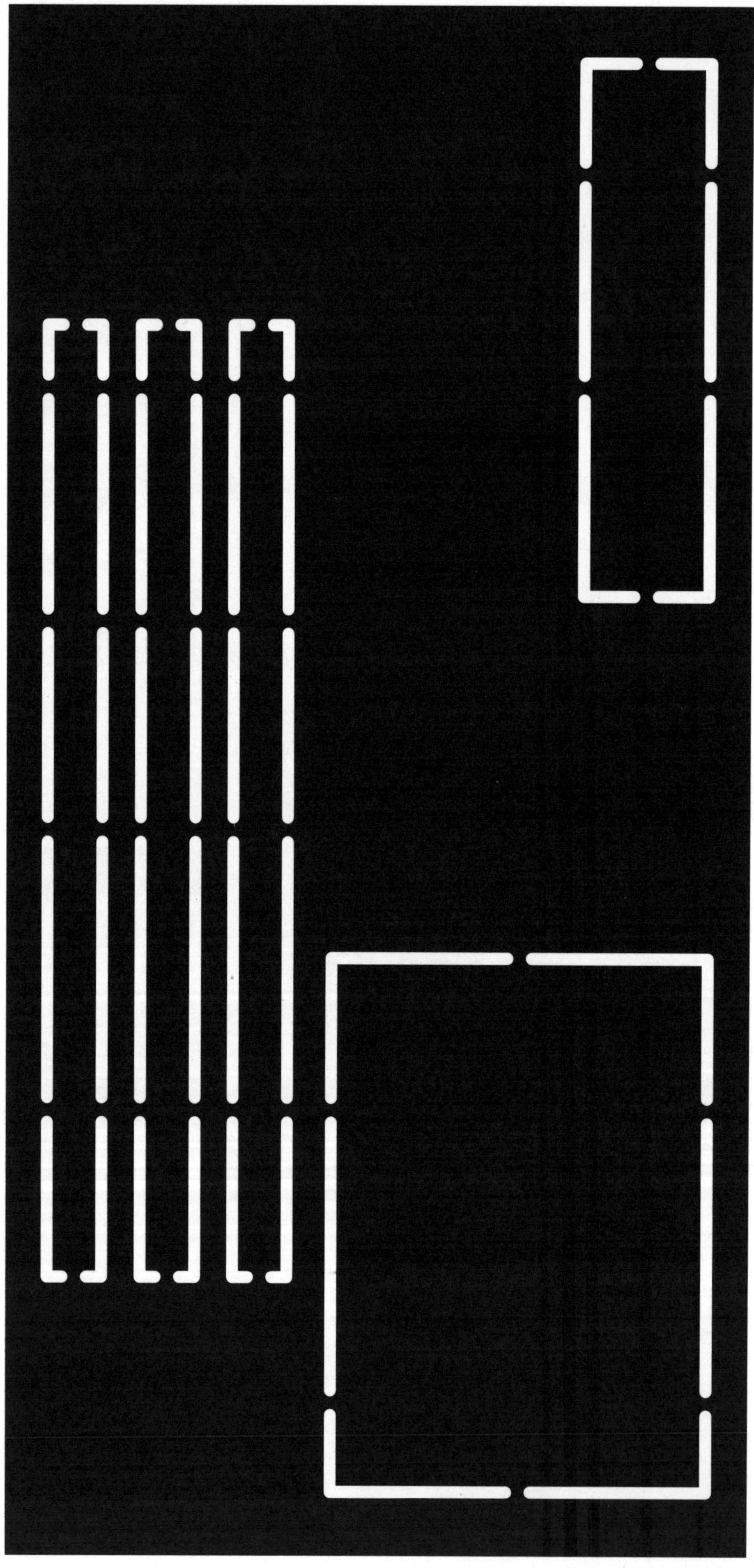

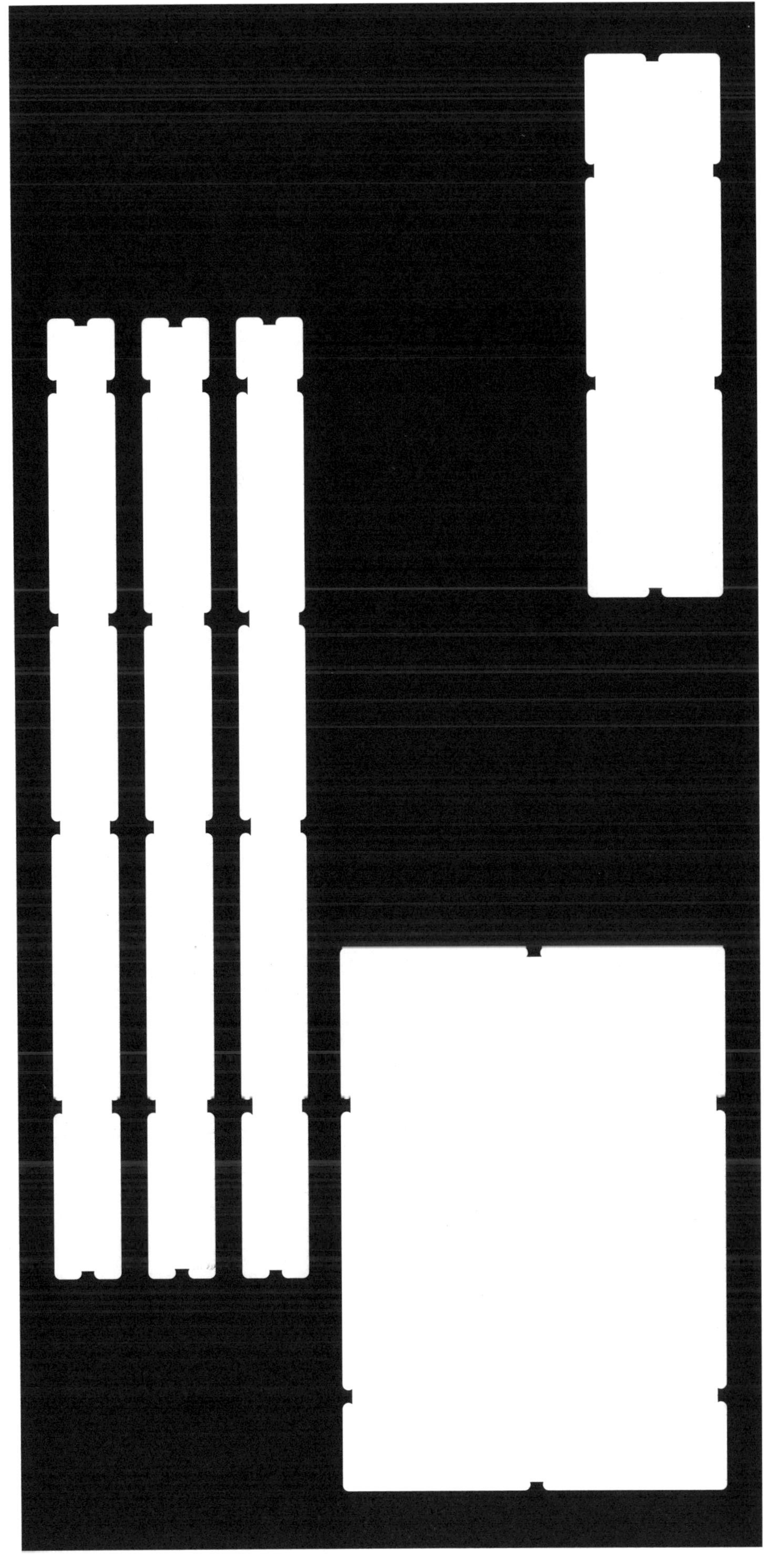

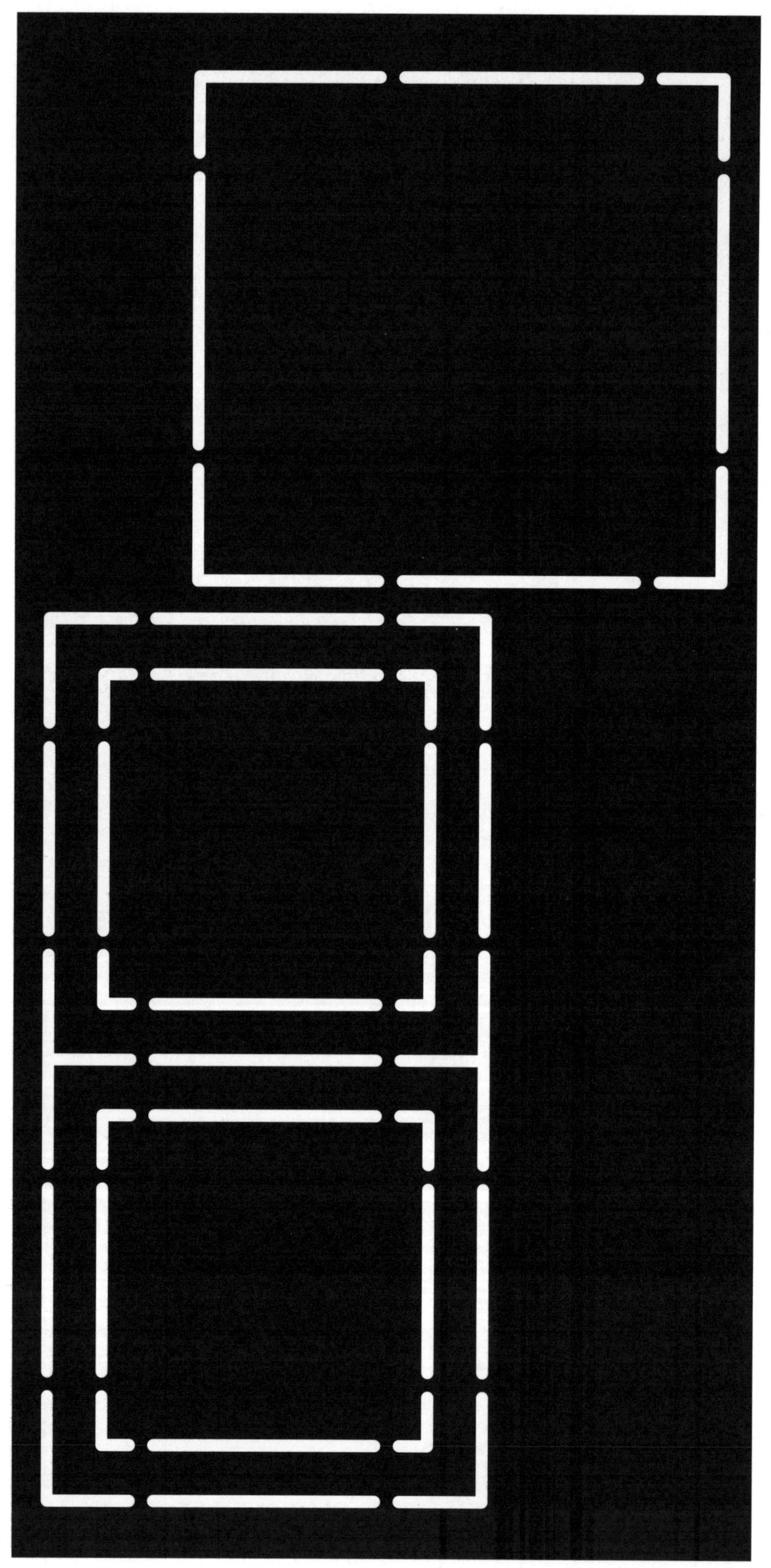

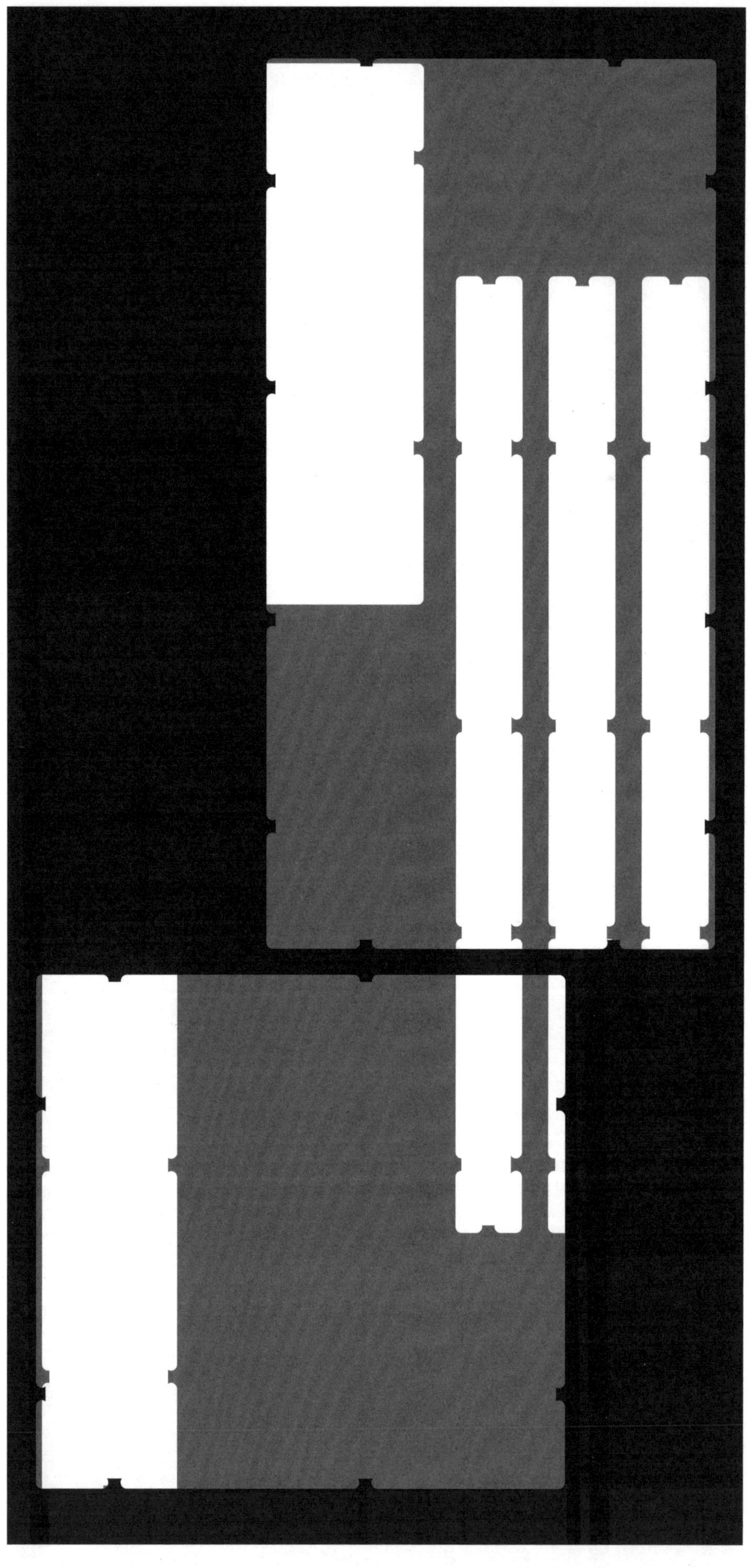

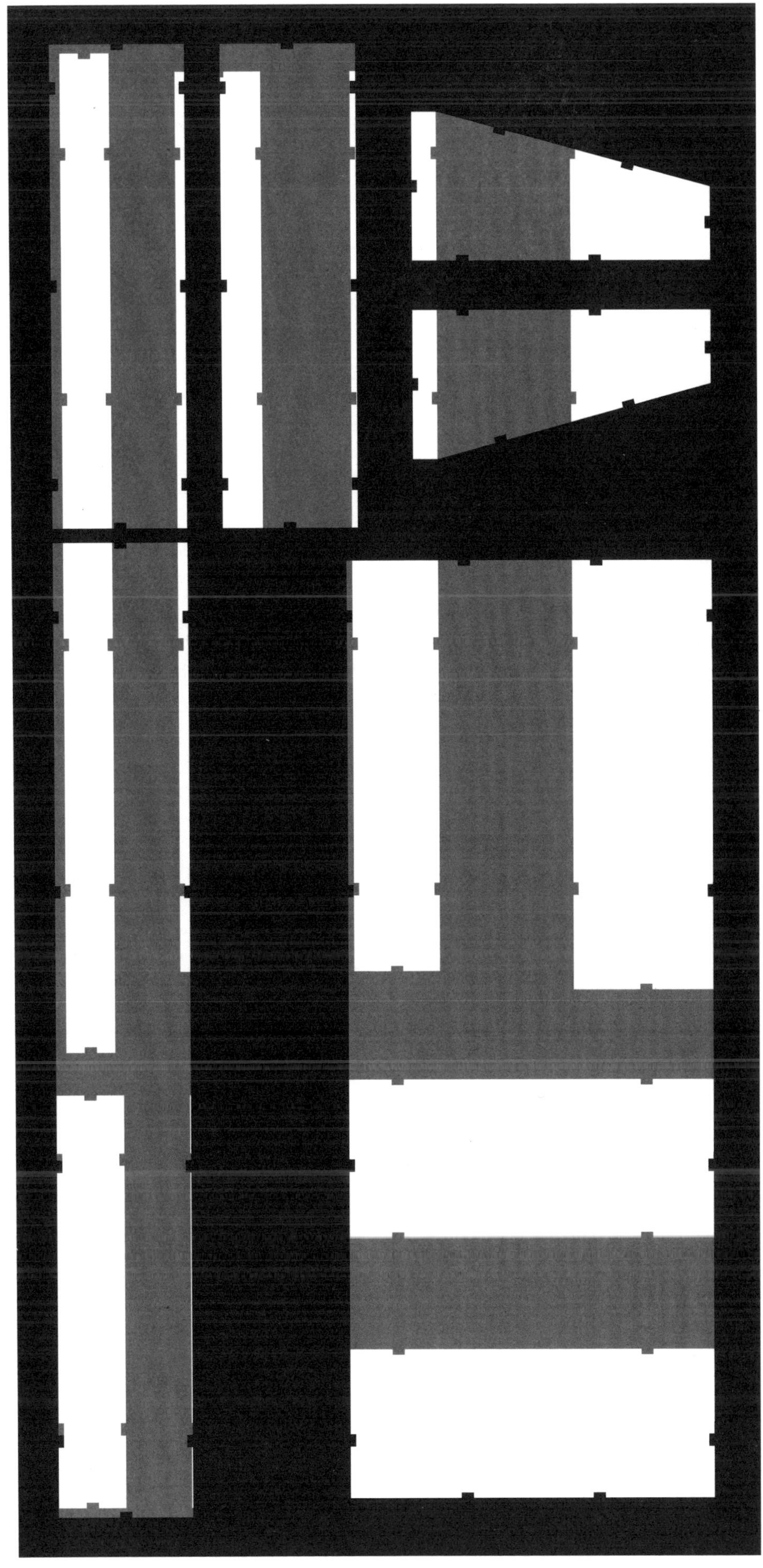

APE#73
MARTÍ ANSON
LA BOTIGA DE L'ANSON
© 2016, Art Paper Editions
ISBN 9789490800529
www.artpapereditions.org
www.martianson.net
First edition of 300 copies

Photography: Martí Anson, We Document Art
Graphic design: Studio Jurgen Maelfeyt
Printing: Die Keure, Bruges (BE)
Distribution: Idea Books, www.ideabooks.nl

This publication was realized with the support of
the Province of West-Flanders: the Executive of the
Provincial Council of West-Flanders, consisting of Mr
Carl Decaluwé, Governor-chairman, Mr Guido Decorte,
Mr Franky De Block, Mr Carl Vereecke, Mr Bart Naeyaert,
Mr Jean de Bethune and Mrs Myriam Vanlerberghe,
Members, and Mr Geert Anthierens, Provincial Clerk.

With the participation of the Barcelona Museum
of Contemporary Art (MACBA)
Amb la participació del Museu d'Art Contemporani
de Barcelona (MACBA)

Thanks to: Ilse Acke, Joaquim Anson, Ferran Barenblit,
Anna Cerdà, Berta Cervantes, Lize Chielens,
Joachim Coucke, DARK, Angels de La Mota,
Frauke Dendooven, Laurens Duerinck, Antoni Estrany,
FerranElOtro, Maarten Gruwez, Matthieu Lobelle,
Asun López, Frederic Montornés, Josep Muñoz,
Elisenda Riera, Patrick Ronse, Bart Slangen,
Marc Vermeersch, Galeria Estrany de la Mota